Como falar para o aluno aprender

Dados Internacionais de Catalogação na Publicação (CIP)
(Câmara Brasileira do Livro, SP, Brasil)

Como falar para o aluno aprender / Adele Faber...[et al.]. – São Paulo : Summus, 2005.

Outros autores: Elaine Mazlish, Lisa Nyberg, Rosalyn Templeton
Título original: How to talk so kids can learn – at home and in school
Vários tradutores.
Bibliografia.
ISBN 978-85-323-0866-5

1. Análise de interação em educação 2. Comunicação na educação 3. Educação – Filosofia 4. Professores e estudantes I. Faber, Adele. II. Mazlish, Elaine. III. Nyberg, Lisa. IV. Templeton, Rosalyn.

05-2802   CDD-371.1023

Índices para catálogo sistemático:

1. Alunos e professores : Relações : Educação 371.1023
2. Professores e alunos : Relações : Educação 371.1023

Compre em lugar de fotocopiar.
Cada real que você dá por um livro recompensa seus autores
e os convida a produzir mais sobre o tema;
incentiva seus editores a encomendar, traduzir e publicar
outras obras sobre o assunto;
e paga aos livreiros por estocar e levar até você livros
para a sua informação e o seu entretenimento.
Cada real que você dá pela fotocópia não autorizada de um livro
financia o crime
e ajuda a matar a produção intelectual de seu país.

Como falar para o aluno aprender

Adele Faber e Elaine Mazlish

Com Lisa Nyberg e Rosalyn Templeton

summus
editorial

Do original em língua inglesa
HOW TO TALK SO KIDS CAN LEARN
Copyright © 1995 by Adele Faber, Elaine Mazlish,
Lisa Nyberg e Rosalyn Templeton
Direitos desta tradução reservados por Summus Editorial

Tradução: **Adri Dayan**
Dina Azrak
Elisabeth C. Wajnryt
Ita Liberman
Ilustrações: **Kimberly Ann Coe**
Capa: **Ana Lima**
Editoração e fotolitos: **All Print**

Summus Editorial

Departamento editorial:
Rua Itapicuru, 613 – 7º andar
05006-000 – São Paulo – SP
Fone: (11) 3872-3322
Fax: (11) 3872-7476
http://www.summus.com.br
e-mail: summus@summus.com.br

Atendimento ao consumidor:
Summus Editorial
Fone: (11) 3865-9890

Vendas por atacado:
Fone: (11) 3873-8638
Fax: (11) 3873-7085
e-mail: vendas@summus.com.br

Impresso no Brasil

A maneira como pais e professores falam revela à criança como eles se sentem em relação a ela. As falas deles afetam sua auto-estima e seu amor-próprio. Em grande parte, a linguagem dos adultos determina o destino da criança.

Haim Ginott

Sumário

Como surgiu este livro 9

Prefácio 15

1. Como lidar com sentimentos que interferem
na aprendizagem 19

2. Sete habilidades que incentivam a cooperação 55

3. As armadilhas do castigo: opções que levam à
autodisciplina 87

4. Resolvendo problemas juntos: seis passos que desenvolvem
a criatividade e o comprometimento dos alunos 117

5. Elogio que não humilha, crítica que não fere 151

6. Como liberar uma criança do desempenho de papéis . . . 179

7. A parceria família–educador 213

8. O apanhador de sonhos 243

Como surgiu
este livro

As sementes deste livro foram plantadas quando éramos jovens mães participando de um grupo de pais conduzido pelo falecido psicólogo infantil dr. Haim Ginott. Após cada sessão, voltávamos para casa fascinadas com o poder das novas habilidades de comunicação que estávamos aprendendo e lamentávamos o fato de não as conhecermos há mais tempo, antes de trabalhar com crianças profissionalmente.

Não podíamos prever o que surgiria dessa primeira experiência. Duas décadas depois, os livros que escrevemos para pais ultrapassaram o marco de três milhões e foram traduzidos para outros 18 idiomas; as palestras que proferimos em quase todos os estados dos Estados Unidos e em quase todas as províncias do Canadá atraíram platéias numerosas e entusiasmadas; mais de 50 mil grupos tinham utilizado nossos programas de *workshop* em áudio e vídeo, em localidades tão diversas como Nicarágua, Quênia, Malásia e Nova Zelândia. E, durante todo esse período, os educadores nos relataram as transformações que eles efetuaram nas salas de aula como resultado de assistirem a nossas palestras, ou por terem participado de nossos cursos ou lido um de nossos livros. Inevitavelmente eles nos pediam para lhes escrever um livro similar. Uma professora de Michigan nos mandou a seguinte sugestão:

> Após mais de 20 anos de experiência com alunos disruptivos, em situação de risco, eu realmente me surpreendi com a quantidade de estratégias que aprendi com os livros que vocês escreveram para os pais. Atualmente, o município onde atuo como orientadora educacional está elaborando um amplo plano de disciplina. Acredito firmemente que a filosofia de seu livro possa servir como base do novo projeto. Vocês escreveriam um livro especialmente para educadores?

Uma assistente social de Missouri escreveu:

> Recentemente conduzi o *workshop* "Como falar para seu filho ouvir" para pais de meu bairro. Uma das mães, que era também professora, começou a utilizar as novas habilidades em classe e notou uma redução considerável de problemas comportamentais. Isso chamou a atenção da diretora, que estava preocupada com o número de castigos e suspensões em sua escola. Ela ficou tão impressionada com as mudanças nessa classe que me pediu para conduzir um *workshop* para todo o pessoal. Os resultados foram fantásticos. Houve acentuada redução nas provocações, diminuição nas suspensões e faltas e aparentemente a auto-estima elevou-se em toda a escola.

Um orientador de Nova York escreveu:

> Estou muito preocupado com o número crescente de jovens que estão trazendo facas e armas para a escola. Não acredito que mais seguranças e detectores de metal sejam a solução. Mas uma comunicação melhor pode ser. Talvez, se os professores souberem usar as habilidades que vocês ensinam, estarão preparados para ajudar esses jovens de pavio curto a lidar com a raiva de forma não vio-

lenta. Que tal um livro para professores, diretores, pais, voluntários, educadores, motoristas de ônibus, secretárias etc.?

Consideramos essas sugestões com seriedade, mas, finalmente, concordamos que não poderíamos assumir a responsabilidade de escrever um livro para educadores. Afinal, não lecionávamos mais.

Então veio o telefonema decisivo de Rosalyn Templeton e Lisa Nyberg. Lisa lecionava para terceiras e quartas séries na Brattain Elementary School em Springfield, Oregon; Rosalyn para futuros professores na Bradley University em Peoria, Illinois. Ambas transmitiram seu descontentamento com as práticas punitivas e coercivas normalmente adotadas nas escolas para fazer as crianças se comportar e disseram que há muito tempo procuravam material que oferecesse métodos alternativos para o professor ajudar os alunos a serem mais disciplinados. Quando leram *Como falar para seu filho ouvir e como ouvir para seu filho falar* sentiram que era exatamente o que procuravam e pediram nossa permissão para escrever uma adaptação para professores.

Ao continuarmos a conversa, ficou evidente que elas tinham ampla experiência. Ambas lecionaram em escolas nas cidades e no campo em diferentes partes do país, tinham doutorado em educação e atuavam como coordenadoras de *workshops* em congressos de educação. De repente o projeto sobre o qual hesitáramos por tanto tempo parecia viável. Se, além de nossa experiência e de todo o material que recolhemos de professores nos 20 anos anteriores, nós também podíamos recorrer às experiências dessas duas educadoras, então nada nos deteria.

Naquele verão, Rosalyn e Lisa se reuniram conosco. Todas nos sentimos à vontade desde o início. Depois de pensar no formato que o livro teria, decidimos contar uma história do ponto de vista de uma jovem professora que estava tentando aprender formas melhores de lidar com seus alunos. Sua experiência seria a fusão das nossas. A narrativa seria incrementada com elementos de nossos livros anteriores – história em quadrinhos, páginas com lembretes, perguntas e respostas e casos.

Quanto mais conversávamos, mais claro ficava: para oferecermos um quadro integral do que é necessário para educar uma criança, precisávamos ir além da sala de aula e dar a mesma atenção aos primeiros e permanentes educadores na vida da criança – os pais. Tudo que ocorre na escola durante as aulas é profundamente afetado pelo que acontece antes e depois desse período. Não importa quanto pais e professores sejam bem-intencionados; se ambos não possuírem instrumentos que os auxiliem a implementar suas boas intenções, a criança sairá perdendo.

Pais e educadores precisam unir forças e formar parcerias. Ambos precisam conhecer a diferença entre as palavras que desmoralizam e as que encorajam, entre as que desencadeiam confronto e as que incentivam cooperação; entre as que impossibilitam a criança de pensar e se concentrar e as que liberam o desejo natural de aprender.

Então nos ocorreu que tínhamos uma responsabilidade adicional em relação às crianças da atual geração. Nunca tantos jovens foram expostos a tantas imagens de crueldade. Nunca testemunharam demonstrações tão vívidas de problemas "solucionados" com surras, pancadas, tiros ou bombas. Nunca houve uma necessidade tão urgente de apresentar para nossas crianças um exemplo de como as diferenças podem ser resolvidas com comunicação sincera e respeitosa. Essa é a melhor proteção que podemos lhes oferecer contra seus impulsos violentos. Quando os momentos inevitáveis de raiva e frustração ocorrem, em vez de recorrer a uma arma, elas podem valer-se das *palavras* que ouvem das pessoas importantes em sua vida.

Com essa convicção, o projeto foi lançado. Três anos e muitos rascunhos depois, quando finalmente estávamos com o original em mãos, fomos tomadas por um profundo sentimento de satisfação. Estabelecemos um conjunto de diretrizes claras para *Como falar para o aluno aprender*. Demos exemplos concretos da atitude e da linguagem que residem no âmago do processo de aprendizagem. Mostramos como criar um clima emocional seguro para as crianças se abrirem ao que é novo e desconhecido. Demonstramos como os alunos podem assumir responsabilidade e exercer autodisciplina. Compartilhamos uma variedade de métodos que os encorajam a ter confiança em quem são e em quem podem se tornar.

Esperamos sinceramente que as idéias deste livro os ajudem a inspirar e fortalecer os jovens de sua vida.

Prefácio

Este livro foi escrito para o educador se comunicar melhor com seu aluno. Simples, mas profundo, ensina a quem ensina como falar.

O professor é o exemplo de valores e atitudes positivas relacionadas com o aprendizado. É ele quem inspira e motiva.

Sabemos que a tarefa de educar pode ser extenuante. Sabemos também que grande volume de conhecimento e boas intenções não bastam para nos tornar bons educadores.

Então, o que é preciso? Como falar para o aluno aprender?

A comunicação eficiente – a utilização da fala construtiva, clara, direta e, principalmente, respeitosa – é a base do processo educacional.

Somos um grupo de três psicólogas e uma publicitária que há anos trabalha na área de relacionamentos bem-sucedidos. Nos especializamos em *métodos práticos e efetivos de comunicação* e escolhemos seguir o trabalho de Faber e Mazlish porque ele traz resultados rápidos e consistentes.

Autoras mundialmente consagradas na área de comunicação adulto–criança e adulto–adolescente, seus livros – *Como falar para seu filho ouvir e como ouvir para seu filho falar*, *Irmãos sem rivalidade* e *Como falar para o aluno aprender* – já foram traduzidos para outros 18 idiomas e se tornaram *best-sellers*, com mais de dois milhões e meio de livros vendidos apenas nos Estados Unidos.

Este livro que você vai conhecer agora é um desses sucessos. Ele apresenta técnicas testadas e aprovadas para facilitar o dia-a-dia na sala de aula. Você vai aprender a aceitar sentimentos, incentivar a cooperação, disciplinar sem ferir, estabelecer limites, resolver conflitos, formar parcerias com a família, tudo de forma prática e dinâmica.

Em nossa experiência coordenando *workshops* baseados no livro *Como falar para o aluno aprender* em várias escolas, confirmamos a importância desta obra: constatamos como os professores, praticando algumas habilidades sugeridas, transformaram a classe em um espaço em que o potencial de cada aluno pode surgir. E com que alegria vemos crescer nesses dedicados profissionais merecidos sentimentos de competência e auto-estima!

O professor tem muito poder. O aluno também. Não importa a idade do aluno, a má interação entre os dois provoca conflito e imensos estragos. Por sua vez, a comunicação adequada aproxima, desarma, gera tranqüilidade.

Não pretendemos tornar o professor "bonzinho", mas capacitá-lo para exercer autoridade com assertividade, reforçar o direito de se proteger contra agressões e humilhações, ampliar a consciência da sua importante atuação e do dever de ensinar em clima de respeito e harmonia, para o sucesso do aprendizado.

O professor que direciona forças para a busca conjunta de ações criativas mostra que a melhor resposta às dificuldades é enfrentá-las como equipe unida em vez de adversária, e que o aluno é parte da solução, não do problema.

Não existe uma única resposta quando o tema é educação. Existem, sim, princípios seguros para essa jornada. Quando o professor acolhe em vez de julgar, valoriza o positivo, tem atitudes consistentes e equilibradas, ele está planejando a viagem para torná-la inesquecível.

Subestimamos o poder de nossas palavras: elas têm o dom de elogiar ou criticar, aproximar e unir ou afastar e separar, construir ou destruir.

Que a leitura deste livro seja útil nos momentos em que os resultados parecerem impossíveis e, principalmente, na hora de celebrar as tão valiosas conquistas no ensino.

Adri Dayan, Elisabeth Wajnryt,
Dina Azrak e Ita Liberman

1 Como lidar com sentimentos que interferem na aprendizagem

Foram as lembranças dos meus professores – aqueles que eu amei e os que eu odiei – que me fizeram tornar-me um deles.

Eu tinha uma longa lista na cabeça de todas as coisas desagradáveis que eu nunca diria ou faria a meus alunos e uma visão clara de quão infinitamente paciente e compreensiva eu seria. Durante todos os cursos de educação na faculdade, eu sustentava a convicção de que poderia ensinar às crianças de uma forma que as faria querer aprender.

Meu primeiro dia como professora "de verdade" foi um choque. Por mais que eu tivesse me planejado, estava totalmente despreparada para aqueles 32 alunos da sexta série, 32 crianças que falavam alto, tinham muita energia, vontades e necessidades.

No meio da manhã, os primeiros resmungos começaram: "Quem roubou o meu lápis?", "Sai da frente!", "Cala a boca. Eu estou tentando ouvir a professora!"

Eu fingi não ouvir e continuei a aula, mas as interrupções se seguiam: "Por que eu tenho que me sentar perto dele?", "Eu não entendi o que é pra fazer", "Ele me bateu!", "Foi ela que começou!"

Minha cabeça começou a doer. O nível de ruído na sala de aula continuou a subir. Palavras como *paciência* e *compreensão* morreram nos meus lábios. Essa classe precisava de um professor que ficasse firme e no controle. Eu me escutei dizendo:

"Pare com isso! Ninguém roubou o seu lápis", "Você tem de se sentar perto dele porque eu mandei", "Não me interessa quem começou. Eu quero que parem. Já!", "Como não entendeu? Eu acabei de explicar!"

"Não acredito nesta classe. Vocês estão se comportando como alunos da primeira série. Por favor, calados!"

Um menino me ignorou. Saiu de seu lugar, pegou o apontador, foi até o cesto de lixo e ficou lá apontando o lápis até virar um toco. Na minha voz mais firme eu ordenei: "Agora chega! Sente já!"

"Você não manda em mim", respondeu ele.

"Falaremos disso depois da aula."

"Eu não posso ficar. Eu vou com o ônibus da escola."

"Então eu vou precisar ligar para seus pais para resolver isso."

"Você não pode ligar. Nós não temos telefone!"

Às três horas eu estava exausta. As crianças saíram correndo da classe e se espalharam pelas ruas. Mais poder para eles. Agora eles eram responsabilidade dos pais. Eu tinha feito minha parte.

Desmoronei na cadeira e fiquei olhando as carteiras vazias. O que deu errado? Por que eles não prestavam atenção? O que eu tinha de fazer para atrair a atenção dessas crianças?

Durante os primeiros meses de ensino, o padrão foi o mesmo. Eu começava toda manhã com muitas esperanças e saía toda tarde sentindo-me sobrecarregada pela árdua tarefa e pelo tédio de ter de arrastar a minha classe pelo currículo requerido. Mas o pior de tudo é que eu estava me tornando o tipo de professora que eu nunca quis ser – brava, mandona e que trata as pessoas com desprezo. E os meus alunos estavam se tornando cada vez mais mal-humorados e desafiadores. Quando se aproximou o fim do semestre, perguntei-me quanto tempo mais eu suportaria aquilo.

Janete, a professora da sala ao lado, veio me ajudar. No dia seguinte, depois que desabafei com ela, ela me entregou sua cópia gasta de *Como falar para seu filho ouvir e como ouvir para seu filho falar.* "Não sei se isso vai ajudar", comentou ela, "mas este livro me ajudou a recuperar a sanidade mental com meus filhos em casa. E com certeza fez diferença na minha classe!"

Eu lhe agradeci, pus o livro na minha pasta e esqueci dele. Uma semana mais tarde, fiquei de cama com gripe. Como estava à toa, peguei o livro e o abri. Alguns trechos logo na primeira parte chamaram a minha atenção:

- A conexão direta entre o modo de as crianças sentirem e o modo de se comportarem.
- Quando as crianças se sentem bem, se comportam bem.
- Como as ajudamos a sentir-se bem?
- Aceitando os seus sentimentos!

Recostei-me no travesseiro e fechei os olhos. Eu aceitava os sentimentos de meus alunos? Mentalmente revi algumas conversas que eu tivera com as crianças naquela semana.

ALUNO: Eu não sei escrever.

EU: Não é verdade.

ALUNO: Mas eu não consigo pensar em nada para escrever.

EU: Você consegue, sim! É só parar de reclamar e começar a escrever.

ALUNO: Odeio história. Quem se importa com o que aconteceu há cem anos?

EU: Você deveria se importar. É importante conhecer a história do seu país.

ALUNO: É chato.

EU: Não é, não! Se você prestasse atenção, acharia interessante.

Era irônico. Eu sempre fazia sermões sobre os direitos de cada indivíduo a suas opiniões e sentimentos. No entanto, na prática, sempre que as crianças expressavam seus sentimentos, eu os desconsiderava. Discutia com eles. Minha mensagem oculta era "Você está errado de sentir o que sente. Em vez disso, ouça-me".

Sentei-me na cama e tentei recordar. Alguma vez meus professores agiram assim comigo? Certa vez, no secundário, fiquei chocada com minha primeira nota baixa e meu professor de matemática tentou me animar: "Você não precisa se aborrecer, Elisa. Não é falta de habilidade em geometria. É que você não se dedicou. Você tem de se convencer que vai conseguir. O problema com você é a sua falta de determinação".

Ele provavelmente tinha razão, eu sabia que ele tinha boa intenção, mas suas palavras fizeram-me sentir boba e incapaz. Em determinado momento, parei de ouvir, fiquei olhando o seu bigode se mover e esperei que ele acabasse para poder sair de perto dele. Era assim que meus alunos se sentiam a meu respeito?

Nas semanas seguintes, tentei responder com mais habilidade aos sentimentos dos meus alunos, refletindo cuidadosamente sobre eles:

"Não é fácil escolher um tema para escrever."

"Estou ouvindo o que você acha de história. Você está admirado por que alguém poderia até mesmo se importar com o que aconteceu há tanto tempo."

Ajudou. Imediatamente os alunos perceberam a diferença. Eles concordavam, me olhavam diretamente nos olhos e me diziam mais. Então um dia Alex anunciou: "Não quero fazer ginástica e ninguém vai me fazer mudar de idéia". Isso era demais. Não hesitei nem um minuto. Num tom seco, respondi: "Você vai para a ginástica ou para a diretoria!"

Por que era tão difícil reconhecer os sentimentos das crianças? No almoço fiz a mesma pergunta e contei à minha amiga Janete e aos outros o que eu estava lendo e pensando.

Maria, uma mãe voluntária na escola, logo veio em defesa dos professores: "São tantos alunos", disse, "e tanto a ensinar-lhes! Como você vai se preocupar com cada palavrinha?"

Janete parecia pensativa. "Talvez", disse ela, "se os adultos em nossa vida tivessem se preocupado um pouco com as palavras, não teríamos tanto a desaprender hoje. Vamos encarar. Nós somos produto de nosso passado. Falamos aos nossos alunos como nossos pais e professores falavam conosco. Mesmo com meus filhos, demorou muito tempo até que eu parasse de repetir o velho *script*. Foi um grande passo ir de 'Isso não dói! É só um arranhão' para 'Um arranhão dói!'"

César, o professor de ciências, parecia frustrado. "Será que eu não entendi?", perguntou. "Não vejo muita diferença."

Pensei muito, tentando conseguir um exemplo que lhe permitisse vivenciar a diferença. Então ouvi Janete dizer: "César, imagine que você é um adolescente e acabou de entrar no time da escola – basquete, futebol, qualquer coisa".

"Futebol", disse ele sorrindo.

"Tudo bem", disse Janete. "Agora imagine que você foi ao primeiro treino, todo entusiasmado, e o treinador o chamou de lado e lhe disse que você foi cortado do time."

César resmungou.

"Um pouco depois", Janete continuou, "você encontra a orientadora educacional no corredor e lhe conta o que acabou de acontecer. Agora finja que eu sou aquela orientadora. Eu vou responder a essa situação de várias maneiras. Só de brincadeira, escreva o que a criança dentro de você sente ou pensa depois de cada uma das minhas respostas."

César sorriu, pegou sua caneta e um guardanapo de papel.

Eis as diferentes abordagens que Janete tentou com ele:

Negação de sentimentos: "Você está fazendo barulho à toa. O mundo não vai acabar se você não ficar no time. Deixe pra lá."

Resposta filosófica: "A vida nem sempre é justa, mas você tem de aprender a dançar conforme a música."

Conselho: "Não deixe essas coisas o aborrecerem. Tente ir para outro time."

Perguntas: "Por que você acha que foi afastado? Os outros jogadores eram melhores que você? O que você vai fazer agora?"

Defesa da outra pessoa: "Tente ver do ponto de vista do treinador. Ele quer formar um time vencedor. Deve ter sido difícil para ele decidir quem manter e quem tirar."

Piedade: "Oh, coitadinho. Sinto muito por você. Você se esforçou tanto para ficar no time, só que você não foi tão bom assim. Agora todos os seus amigos já sabem. Aposto que você está morrendo de vergonha."

Psicanalista amador: "Você já pensou alguma vez que o verdadeiro motivo pelo qual você foi cortado do time é que no fundo você não queria jogar? Acho que no nível subconsciente você não queria ficar no time, aí você jogou mal de propósito."

César rendeu-se: "Pare! Chega. Já entendi".

Perguntei a César se eu podia ver o que ele tinha escrito. Ele me passou o guardanapo. Eu o li em voz alta:

"Não me diga como eu devo me sentir."

"Não me diga o que fazer."

"Você nunca vai entender."

"Você sabe o que pode fazer com suas perguntas!"

"Você está do lado de todos, menos do meu."

"Sou um perdedor."

"Esta é a última vez que eu lhe conto alguma coisa."

"Nossa!", disse Maria. "Muito do que a Janete acabou de dizer ao César se parece com o que eu digo ao meu filho Márcio. Mas o que eu poderia fazer em vez disso?"

"Reconhecer o sofrimento da criança", respondi rapidamente.

"Como?", perguntou Maria.

As palavras não me vinham. Olhei para Janete em busca de ajuda. Ela se virou para César e o olhou fixamente: "César, descobrir que você foi cortado do time quando tinha tanta certeza de estar nele deve ter sido um grande choque e um grande desapontamento!"

César concordou: "É verdade. Foi um choque. E foi um desapontamento. E, francamente, é um alívio que alguém finalmente entendeu o que aconteceu".

Todos nós tivemos muito que conversar depois disso. Maria confessou que nunca ninguém tinha reconhecido seus sentimentos quando ela era pequena. César perguntou: "Como podemos oferecer a nossos alunos algo que nunca recebemos?"

Era evidente que precisávamos de mais experiência se quiséssemos nos acostumar a essa nova maneira de responder aos alunos. Eu me ofereci para trazer alguns exemplos de como poderíamos reconhecer os sentimentos no ambiente escolar. Apresento a seguir, em forma de história em quadrinhos, o que elaborei e levei para meus colegas alguns dias depois.

Quando os sentimentos são negados, o aluno se sente rapidamente desmotivado.

Quando os sentimentos negativos são identificados e aceitos, o aluno se sente motivado a esforçar-se.

O professor tem boa intenção, mas, quando o aluno é bombardeado com críticas e conselhos, ele sente dificuldade em pensar sobre a situação e assumir a responsabilidade.

Quando respondemos ao sofrimento do aluno com uma atitude solícita e algum aceno de cabeça ou murmúrio de compreensão, nós permitimos que ele se concentre no problema e até o resolva sozinho.

É frustrante quando o aluno se recusa a aceitar o "motivo". O que podemos fazer? Existe um modo melhor de ajudar os alunos a superar sua resistência a cumprir uma tarefa?

Quando ilustramos a vontade do aluno com uma situação imaginária, tornamos mais fácil para ele lidar com a realidade.

É difícil para a criança mudar seu comportamento quando seus sentimentos são completamente ignorados.

É mais fácil para os alunos mudarem seu comportamento depois que seus sentimentos são aceitos.

César olhou as ilustrações e balançou a cabeça. "Teoricamente, isso parece maravilhoso, mas, para mim, é só mais uma exigência aos professores. Onde arranjaremos tempo para ajudar os alunos a lidar com seus sentimentos?"

Janete disse brincando: "Você acha tempo. Chegue à escola mais cedo e saia mais tarde, almoce correndo e esqueça dos intervalos para ir ao banheiro".

"É", completou César, "e entre planejar as aulas, corrigir trabalhos, arrumar os murais, preparar-se para as reuniões – e, de passagem, ensinar – preocupe-se com o que seus alunos possam estar sentindo ou como dar-lhes exemplos imaginários para o que não podem fazer naquele momento".

Enquanto ouvia César, eu pensava: "Talvez seja pedir demais aos professores".

Era como se Janete tivesse lido meus pensamentos. "Sério", disse ela, "eu sei que é pedir muito aos professores, mas sei também quanto é importante para as crianças se sentirem compreendidas. O fato é que, quando os alunos estão aborrecidos, não conseguem absorver novos conhecimentos. Se quisermos liberar sua mente para pensar e aprender, então temos de lidar com suas emoções com respeito."

"E não só na escola, mas em casa também", completou Maria enfaticamente.

Nós todos olhamos para ela. "Quando eu tinha mais ou menos 9 anos, minha família se mudou e eu tive de ir para uma escola nova. Minha nova professora era muito rígida. Sempre que eu fazia uma prova de matemática ela a devolvia com um enorme xis vermelho em cima de cada resposta que eu tinha errado. Ela me mandava levar a prova à sua mesa inúmeras vezes, até que eu acertasse. Eu ficava tão nervosa na aula dela que nem conseguia pensar. Às vezes eu até tentava copiar as respostas dos meus colegas. Na véspera da prova eu sempre ficava com dor de estômago. Eu dizia: 'Mãe, estou com medo'. E ela respondia: 'Não precisa ter medo, faça só o melhor que puder', e meu pai acrescentava: 'Se você tivesse estudado, você não estaria com tanto medo'. Aí eu me sentia pior ainda".

César olhou para ela intrigado. "Suponha que sua mãe ou seu pai tivesse dito: 'Você parece muito preocupada com esta prova, Maria'. Isso teria feito diferença?"

"Ah, sim!", exclamou Maria. "Porque então eu poderia ter lhes contado sobre os xis vermelhos e a vergonha de ter de refazer os exercícios muitas vezes na frente da classe toda".

César ainda estava cético: "E isso seria suficiente para você se sentir menos ansiosa e ir melhor em matemática?"

Maria fez uma pausa e disse lentamente: "Acho que, se alguém tivesse ouvido minhas preocupações e me deixasse falar sobre elas, eu teria mais coragem para ir à escola no dia seguinte e mais vontade de tentar".

Poucos dias após essa conversa, Maria voltou toda sorridente e tirou um papel dobrado da bolsa. "Quero que vocês ouçam algumas das coisas que meus filhos me disseram esta semana. Depois que eu contar, vocês precisam adivinhar o que eu *não* lhes disse. A primeira é da minha filha, Ana." Maria abriu a folha de papel e leu: "Mãe, a minha professora de ginástica me fez correr a quadra toda porque eu não me vesti na hora e todo mundo ficou olhando pra mim".

César respondeu imediatamente: "Você não disse: 'O que você esperava que a sua professora fizesse? Batesse palmas para você? Lhe desse uma medalha por se atrasar?'"

Todos na mesa riram. Maria disse: "Agora é do meu filho, Márcio: 'Mãe, não fique brava. Perdi meu casaco novo'".

"Essa é minha", disse Janete. "O quê? Esse é o segundo que você perde este mês. Você acha que temos uma árvore de dinheiro? Daqui em diante, quando você tirar seu casaco, amarre-o na cintura. E, antes de sair do ônibus, verifique o banco e o chão para ter certeza de que não caiu".

"Espere aí. O que há de errado com essa?", perguntou César. "Você está lhe ensinando responsabilidade."

"O momento é errado", respondeu Janete.

"Como assim?"

"Porque, quando uma pessoa está se afogando, não é hora de lhe dar aula de natação."

"Hum", disse César. "Vou ter de pensar nisso... Bem, sua vez Elisa", ele anunciou, me apontando. Maria leu: "Essa é também da Ana: 'Eu não sei se ainda quero ficar na orquestra'. Eu fui rápida: 'Depois de todo o dinheiro que nós gastamos com suas aulas de violino, você fala em parar? Seu pai vai ficar muito triste quando souber'".

Maria nos olhou surpreendida: "Como vocês sabiam o que eu quase ia dizer?"

"Fácil", disse Janete. "Isso é o que nossos pais nos diziam e eu ainda me pego dizendo aos meus filhos."

"Maria, não faça suspense", pediu César. "O que você disse a seus filhos?" Maria respondeu orgulhosamente: "Quando o Márcio não conseguiu achar seu casaco novo, não fiz um sermão. Eu disse: 'Deve ser muito chato perder alguma coisa... Você acha que pode ter esquecido o casaco no ônibus?' Ele me olhou fixamente, como se não acreditasse no que ouvia e disse que no dia seguinte perguntaria ao motorista se ele não o havia encontrado.

"E quando Ana me contou que a professora de ginástica a tinha mandado correr na frente de todos, eu comentei: 'Isso deve ter envergonhado você'. Ela respondeu: 'Foi', e então mudou de assunto, o que é típico dela, porque nunca me conta nada que acontece.

"Mas a grande surpresa foi o que aconteceu mais tarde. Depois da aula de música, ela disse: 'Não sei se ainda quero ficar na orquestra'. Suas palavras me tiraram o fôlego, mas eu respondi: 'Então, uma parte de você quer ficar na orquestra e outra parte não quer'. Ela ficou muito quieta. Então começou a falar e saiu tudo. Ela me contou que gostava de tocar, mas que os ensaios exigiam tanto tempo que ela não via mais seus amigos e agora eles nem a procuravam mais e talvez nem fossem seus amigos de verdade. Então ela começou a chorar e eu a abracei."

"Ah, Maria", murmurei, profundamente tocada por sua experiência.

"É curioso, não é?", comentou Janete. "A Ana não conseguia dizer o que estava realmente incomodando até você aceitar seus sentimentos confusos."

"É", concordou Maria entusiasmada, "e depois que o verdadeiro problema foi exposto, ela soube como enfrentá-lo. No dia seguinte ela me disse que tinha decidido ficar na orquestra e que talvez pudesse fazer algumas novas amizades lá."

"Isso é ótimo", eu disse.

"É, mas só lhes contei as coisas boas que eu fiz. Eu não lhes contei o que aconteceu quando o Márcio me disse que odiava o professor Pedro."

"Hum... essa é difícil", comentei. "Você não pegou a classe do professor Pedro o ano passado?"

Maria parecia sofrer. "Um profissional muito bom e dedicado", ela murmurou.

"É o que pensei", eu disse. "Você estava em um dilema. Por um lado, você queria apoiar seu filho. Por outro, tinha um bom conceito do professor Pedro e não queria criticá-lo."

"Não só o professor Pedro", respondeu Maria. "Talvez eu seja antiquada, mas fui educada para achar que é errado deixar uma criança reclamar de qualquer professor."

"Mas apoiar seu filho", exclamou Janete, "não implica desaprovar o professor Pedro." Ela logo representou sua versão da reação típica de um pai quando o filho reclama do professor. Então trabalhamos juntos para criar um diálogo construtivo. Nosso desafio era evitar concordar com o filho ou arrasar com o professor. Eis o que elaboramos:

Tocou o sinal. César pegou sua bandeja e disse: "Ainda não estou convencido disso tudo. Talvez seja bom para os pais, mas acho que para o professor é suficiente ser uma pessoa decente que goste de crianças, saiba sua matéria e como ensiná-la".

"Infelizmente", disse Janete acompanhando-o, "não é assim. Se você quiser ser capaz de ensinar, então precisa de alunos emocionalmente prontos para ouvir e aprender."

Eu os segui. Sentia que havia mais a dizer, mas não sabia bem o quê. Quando voltei para casa, à tarde, rememorei as várias conversas da semana e senti uma nova convicção crescendo dentro de mim.

Queria ter dito a César:

Como professores, nosso objetivo é maior do que apenas transmitir fatos e informações.

Se quisermos que nossos alunos sejam pessoas que se importem conosco e com os outros, então temos de nos importar com eles.

Se valorizarmos a dignidade de nossos alunos, então temos de aplicar métodos que validem sua dignidade.

Se quisermos enviar ao mundo jovens que respeitem a si mesmos e aos outros, então temos de começar por respeitá-los. E não conseguimos fazer isso a não ser que demonstremos respeito pelo que eles sentem.

Lembrete

As crianças precisam ter seus sentimentos reconhecidos
em casa e na escola

ALUNO: Só por causa de alguns errinhos bobos, você me deu só 7!

PROFESSOR: Não se preocupe! Você vai se sair melhor da próxima vez.

**Em vez de desconsiderar os sentimentos
do aluno, você pode:**

1. IDENTIFICAR OS SENTIMENTOS DA CRIANÇA.
   "Parece que você ficou muito desapontado. É bem chato saber as respostas e perder pontos por errinhos bobos."

2. RECONHECER SEUS SENTIMENTOS COM UMA SÓ PALAVRA OU EXPRESSÃO.
   "Oh... Hum... Sei..."

3. FANTASIAR UMA SITUAÇÃO.
   "Não seria ótimo se você tivesse uma caneta mágica que parasse de escrever ao perceber uma palavra errada?"

4. ACEITAR OS SENTIMENTOS DO ALUNO MESMO IMPEDINDO UM COMPORTAMENTO INACEITÁVEL.
   "Você ainda está tão bravo com a nota que tirou que até está chutando a carteira! Isso eu não posso permitir, mas você pode me falar mais sobre o que o está aborrecendo. Ou pode fazer um desenho."

* * *

Todos os sentimentos podem ser aceitos.
Algumas ações devem ser limitadas.

Perguntas e histórias dos pais e professores

Perguntas dos pais

1. **Meu filho de 7 anos, Breno, às vezes desanima ao fazer a lição de casa. Se ele não consegue resolver algo, rasga a folha do caderno, atira-a no chão ou quebra os lápis. Como lidar com essas explosões?**

   Breno precisa de um pai que o ajude a identificar seus sentimentos e lhe ensine a lidar com eles. Ele precisa ouvir: "Pode ser muito frustrante quando você não consegue achar a resposta! Dá vontade de rasgar e jogar e quebrar coisas. Breno, quando você se sentir assim, diga: 'Pai, eu estou muuuuiiiito bravo!! Você pode me ajudar?' Então talvez nós possamos, juntos, encontrar um jeito".

2. **Na semana passada, minha filha de 13 anos estava chateada demais para fazer a lição ou estudar para as provas. Parece que ela tinha confidenciado à sua melhor amiga que gostava de um menino e a menina foi logo contar para ele. Depois que comentei que ela devia estar se sentindo traída, eu não sabia mais o que dizer ou como aconselhá-la. O que eu poderia ter dito?**

   Um dos problemas em dar conselhos – mesmo quando eles são solicitados – ("Mãe, o que eu faço?") – é que, quando as crianças estão em um tumulto emocional, elas não conseguem ouvir. Estão sofrendo. O seu conselho precipitado pareceria irrelevante ("O que isso tem que ver comigo?"), invasivo ("Não me diga o que fazer!"), desmerecedor ("Você acha que eu sou tão boba que não poderia pensar nisso sozinha?") ou ameaçador ("Parece bom, mas eu nunca conseguiria fazer isso").

   Antes mesmo que sua filha comece a pensar em soluções, há uma série de inquietações que ela pode querer compartilhar com você: "Devo confrontar minha amiga? Como? Posso confiar nela novamente? Devo tentar manter a amizade? Digo alguma coisa pro garoto? Dizer o quê?"

Todas essas são questões sérias que dão a ela a oportunidade de entender melhor as relações humanas. Ao oferecer um conselho instantâneo, você interrompe uma experiência de aprendizagem importante.

3. Nunca se deve aconselhar?

Depois que a criança foi ouvida você pode cautelosamente perguntar: "Como você se sentiria quanto a...?", "Você acha que ajudaria se...?", "Faz sentido...?" Ao dar à criança a opção de aceitar, rejeitar ou explorar suas sugestões, você lhe possibilita ouvir suas idéias e avaliá-las.

4. Ultimamente, meu filho tem reclamado da sua professora de história: "Ela nos faz ler o jornal todo dia e faz debates toda semana e sempre dá prova. Ninguém nos dá tanto trabalho quanto ela!" Eu nunca sei como reagir. Cheguei ao ponto de começar a sentir pena do meu filho.

Seu filho não precisa de sua piedade, mas da sua compreensão, e que você reconheça suas dificuldades. Qualquer uma das seguintes possibilidades poderia ajudar:

"Então essa professora realmente dá um monte de trabalho."

"Posso perceber que você está chateado com toda essa pressão."

"Aposto que, se você fosse o professor, de vez em quando daria um dia de descanso."

"Parece que a professora é rígida e exigente. Deve ser um desafio corresponder a seus altos padrões."

5. Que fazer se a criança se recusa a contar o que a incomoda?

Todos temos experiências que não queremos contar a ninguém por um tempo ou mesmo para sempre. Alguns de nós preferem superar o sofrimento, dor ou vergonha sozinhos. As crianças não são diferentes. Elas enviam sinais claros quando querem ser deixadas a sós para curarem as feridas! Mesmo depois de ouvirem um comentário empático como: "Algo desagradável deve ter acontecido hoje com você", elas se afastam ou saem da sala ou dizem abertamente: "Não quero falar sobre isso". Só podemos dizer-lhes que estamos disponíveis se mudarem de idéia.

Histórias dos pais

Esta primeira história foi enviada por uma mãe que descreveu como o marido ajudou seu filho a lidar com a ansiedade da primeira semana de aula.

Era o segundo dia de aula e eu estava tentando colocar meus filhos para dormir cedo. Todos estavam cooperando, exceto Antônio, de 9 anos. Ele resmungava e discutia comigo. Não importava o que eu dissesse, ele não se aprontava para dormir. Finalmente, disse a meu marido: "Zé, é melhor você cuidar do 'seu filho', senão eu vou acabar brigando com ele". Eis o que ocorreu a seguir:

ZÉ: Oi, Toni, quero falar com você. A mamãe disse que você está dando trabalho. O que está acontecendo? Parece que tem alguma coisa te incomodando.

TONI: Eu tenho muitas preocupações.

ZÉ: Bem, eu quero ouvir todas elas. Vamos conversar no seu quarto.

Eles foram juntos para o quarto do Antônio. Zé saiu de lá 20 minutos depois, parecendo contente consigo mesmo.

EU: O que aconteceu?

ZÉ: Nada. Pus o menino pra dormir.

EU: Como você conseguiu?

ZÉ: Eu pus no papel as suas preocupações.

EU: Só isso?

ZÉ: E eu as li para ele.

EU: Então o que aconteceu?

ZÉ: Eu lhe disse que o ajudaria a lidar com suas preocupações no fim de semana e ele pôs a lista embaixo do travesseiro, vestiu o pijama e foi para a cama.

No outro dia, ao fazer a cama de Antônio, a lista caiu no chão. Eis o que dizia:

As preocupações de Antônio:

1. Armário e quarto bagunçados. Não tem lugar pra tudo.

2. Preciso de mais roupas para a escola.

3. Muito trabalho para a escola e um monte de livros para carregar (é muito cedo para tanto trabalho).

4. Preciso de mais dinheiro para o lanche na escola.

5. A bicicleta está com defeito. A correia saiu do lugar.

6. Perdi uma moeda embaixo da máquina de lavar roupa (faz você sentir que até o pouco dinheiro que tem está desaparecendo).

7. Acho que talvez todos os problemas de dinheiro possam ser resolvidos se o pai me der muito dinheiro.

Ri quando terminei de ler. Você pensa que só os adultos têm preocupações reais? É fácil esquecer que as crianças também podem tê-las. E, assim como nós, elas precisam de alguém que ouça e leve a sério suas preocupações.

* * *

A história seguinte descreve de que forma uma mãe ajudou a filha a superar sua resistência em relação aos exames para entrar na faculdade.

Quase todos da sua classe já tinham enviado a inscrição, exceto minha filha Karen. Ela sempre teve tendência a deixar as coisas para o último minuto, mas isso já era demais. Tentei não reclamar e fazer um comentário breve quando tivesse oportunidade, mas não adiantou. Então seu pai sentou-se e tentou fazê-la começar a escrever. Ele foi muito paciente: mencionou algumas informações que a faculdade gostaria de ter sobre ela e até a ajudou a escrever um rascunho.

Karen prometeu terminar antes do fim de semana, mas não o fez. Conforme os dias foram se passando, eu comecei a ficar histérica e a gritar com ela. Eu a adverti de que, se ela não mandasse a inscrição imediatamente, jamais conseguiria uma boa faculdade. Ainda assim ela não fez nada. Então, em um momento de inspiração, que veio do desespero, eu disse: "Puxa! Preencher os formulários para inscrição em uma faculdade pode ser bem assustador. Ter de responder a todas essas perguntas e escrever uma redação que pode decidir em qual faculdade você vai acabar ficando é uma tarefa que qualquer um gostaria de adiar quanto fosse possível".

Ela disse um sonoro "É!"

Então eu disse: "Não seria ótimo se acabassem com todas as inscrições e cada escola contratasse responsáveis pela seleção que tivessem percepção extra-sensorial e automaticamente soubessem como teriam sorte de ter você na faculdade? Você ficaria cheia de convites!"

Karen deu um grande sorriso e foi para a cama. Na tarde seguinte ela começou a preencher os formulários. Antes do fim de semana, estavam todos no correio!

* * *

A experiência a seguir foi compartilhada por uma mãe que tinha de lidar com uma doença grave do filho, que vinha se arrastando havia muito tempo.

Quando meu filho, Leo, tinha pouco mais de 11 anos, ele já tinha um marca-passo e óculos especiais para sustentar suas fracas pálpebras. Agora, ele precisava de aparelho de audição. Quando voltávamos para casa, após o exame de audiometria, ele disse: "É melhor você nem comprar esse aparelho idiota. Não vou usá-lo na escola de jeito nenhum. Vou jogá-lo no lixo. Vou jogar na privada, você vai ver!"

Enquanto dirigia, com o coração despedaçado, eu sabia o suficiente para manter a minha boca fechada até que conseguisse pensar em algo para dizer que não piorasse as coisas. Meu filho olhou para mim e perguntou: "Você ouviu o que eu disse?"

Eu respondi (graças a Deus): "Ouvi um menino que odeia absolutamente a idéia de usar um aparelho de audição – que sente que isso é quase a pior coisa que ele consegue imaginar!"

Leo ficou quieto um momento. Então disse: "É... e se alguém gozar de mim na escola, nunca mais vou usá-lo!"

Esperei um pouco e arrisquei: "Talvez você gostaria que o cabeleireiro deixasse o seu cabelo um pouco mais comprido nos lados".

Leo respondeu: "É, vamos pedir pra ele".

A palpitação no meu peito cessou e eu fiz uma oração agradecendo as habilidades que eu tinha aprendido.

Perguntas dos professores

1. **É minha responsabilidade lidar com os sentimentos das crianças na sala de aula? Essa não é tarefa do orientador? Eu mal tenho tempo de ensinar.**

Às vezes o que parece ser o caminho mais longo acaba sendo o mais curto. Pode ser melhor gastar alguns minutos lidando com os sentimentos do aluno que deixá-los sair do controle e transformar-se em um problema que consome valioso tempo de aula. E no processo você também terá ajudado o aluno.

2. Não consigo nada quando questiono meus alunos sobre seus sentimentos. Eles geralmente respondem: "Não sei". Por que isso acontece?

As crianças se incomodam quando os adultos as interrogam sobre seus sentimentos: "Como você se sentiu?", "Como você está se sentindo agora?", "Com raiva?", "Assustado?", "Por que você está se sentindo assim?" Perguntas como essas fazem que as crianças se fechem em vez de se abrirem. Especialmente incômodas para uma criança são as perguntas sobre "por que" ela sente de tal modo. A expressão "por que" requer que ela justifique seus sentimentos, que elabore uma razão lógica e aceitável para senti-los. Muitas vezes elas não sabem o motivo. Não têm a sofisticação psicológica para dizer: "Quando as crianças me provocaram no ponto do ônibus, senti um golpe na minha auto-estima".

Quando uma criança está infeliz, quer principalmente que um pai ou professor tente adivinhar o que pode estar ocorrendo com ela.

"É chato ser provocado. Seja qual for o motivo, incomoda muito." Isso indica à criança que, se ela precisar falar mais, o adulto estará emocionalmente disponível para ela.

3. Você diz que as crianças precisam ter seus piores sentimentos aceitos. Não há o perigo de que os alunos interpretem nossa aceitação como uma permissão para colocar em prática esses sentimentos ruins?

Não, se distinguirmos claramente sentimentos e comportamentos. Sim, os alunos têm o direito de sentir raiva e expressá-la. Não, eles não têm o direito de se comportar de um modo que prejudique outra pessoa, física ou emocionalmente. Por exemplo, podemos dizer ao Davi: "Você ficou tão bravo com o Michel que tentou dar um soco nele. Davi, eu não posso deixar que meus alunos se machuquem. Diga ao Michel o que você sente com palavras, não com os punhos".

4. **Eu tenho um aluno que vem de uma família muito disfuncional. É difícil ser compreensiva quando ele me diz: "Eu te odeio" ou "Você é má", ou usa palavras que eu nem ouso repetir. Nunca sei como reagir. Alguma sugestão?**

Às vezes um aluno com problemas testa deliberadamente o professor para deixá-lo com raiva ou na defensiva. Parte da diversão é tirar o professor do sério e levá-lo a uma discurso longo e agressivo enquanto a classe ri. Em vez de reagir com hostilidade, você pode dizer baixinho: "Eu não gostei do que acabei de ouvir. Se você está com raiva, diga-me de outro modo e terei prazer em escutar".

5. **Há pouco tempo, uma aluna contou-me alguns problemas que estava tendo em casa. Aparentemente seu irmão e seus pais sempre brigavam. Eu disse: "Vejo como você está triste por isso, mas olhe para todas as outras coisas que você tem a agradecer". Ela caiu em prantos. O que eu fiz de errado?**

Cuidado com o "mas"; ele desconsidera a emoção que tinha acabado de expressar e transmite: "Agora vou explicar por que os seus sentimentos não são importantes". As crianças precisam ouvir uma aceitação total de suas emoções naquele momento. ("Vejo como você está triste pelo que está acontecendo em casa. Você gostaria que todos se entendessem melhor.") Uma reação que indica compreensão total, sem reservas, dá aos jovens a coragem de começar a lidar com os problemas.

Histórias dos professores

Esta primeira história é de uma aluna de pedagogia que foi designada para assistir uma classe de pré-escola bilíngüe.

Algumas semanas depois do início das aulas, um pai que tinha acabado de se mudar para o bairro trouxe o filhinho para a sala, apresentou-o à professora e foi embora. A professora sorriu, mostrou-lhe seu lugar, deu-lhe lápis de cor e papel e lhe disse que a classe estava desenhando alguém da família. O menininho irrompeu em prantos. A professora disse: "Não, não, *no llores*". Eu me aproximei para acalmá-lo e a professora acenou para que eu me afastasse. "Deixe-o sozinho!", disse secamente, "ou ele vai chorar até o fim do ano". Então ela voltou à sua mesa para acabar seu relatório.

Tentei ignorá-lo, mas seu choro dava muita pena. Sentei-me perto dele e bati delicadamente em suas costas. Ele pôs a cabeça na carteira e soluçou: "*Quiero mi mama... Quiero mi mama*". Sussurrei para ele: "*Quieres tu mama?*" Ele me lançou um olhar lacrimejante e disse: "*Si*".

Eu disse (em espanhol): "É difícil se separar da sua mãe. E mesmo quando você sabe que logo vai vê-la, não é fácil esperar. Talvez a gente possa desenhar sua mãe". Então peguei um lápis, fiz um círculo como rosto, desenhei um nariz e uma boca. Aí entreguei-lhe o lápis e disse: "Tome, você faz os olhos".

Ele parou de chorar, agarrou o lápis e fez cuidadosamente dois pontos. Eu continuei: "Você fez os olhos dela. De que cor você vai fazer o cabelo?" Ele pegou um lápis preto e o desenhou. Quando me afastei, ainda estava completando o desenho.

Eu me senti maravilhosa. Acho que eu podia tê-lo ignorado e ele poderia até ter se acalmado, mas, ao reconhecer sua tristeza, sei que o ajudei a lidar com ela.

* * *

A cena a seguir foi relatada por um professor de ensino médio. Ele contou como pôs fim a uma briga no refeitório reconhecendo a raiva de cada adversário.

Ouvi gritos e vi dois meninos no chão. Corri e puxei Manuel, que estava sentado sobre Júlio, socando seu peito. Aconteceu o seguinte enquanto os separava:

EU: Puxa! Vocês estão bravos mesmo!

MANUEL: Ele me chutou entre as pernas!

EU: Isso dói demais! Não é à toa que você está tão bravo.

JÚLIO: Ele socou meu estômago.

EU: É por isso que você o chutou!

MANUEL: Ele pegou minha batata frita.

EU: Ah! Então foi isso que o deixou bravo. Bem, aposto que agora o Júlio sabe que você não quer que ninguém pegue suas batatas; ele não fará isso de novo.

MANUEL: É melhor ele não pegar.

Eles continuavam se olhando feio.

EU: Talvez vocês precisem de um tempinho separados antes de ficarem amigos de novo.

Foi isso. Mais tarde, na saída, vi os meninos andando e rindo juntos. Quando me viram, Júlio gritou: "Viu? Somos amigos de novo!"

* * *

Esta última história foi enviada por uma professora que precisou lidar com alunos abalados com o deflagrar da guerra.

No dia seguinte ao início da Guerra do Golfo, muitas das crianças pareciam assustadas e nervosas. Pensei que o melhor a fazer por elas seria tentar colocar os recentes eventos numa perspectiva histórica, então preparei uma aula revendo outras guerras em que os Estados Unidos tinham lutado, começando com a Guerra da Secessão. Quando comecei, os alunos ficaram quietos, mas uma criança perguntou: "D. Rosa, podemos falar de outra coisa? Podemos falar como nos sentimos em relação à guerra?"

A classe me olhou ansiosamente. Perguntei: "É isso que vocês gostariam de fazer?" Acenaram solenemente que sim. Fiquei emocionada por eles terem tanta confiança em mim para pedir uma aula diferente da planejada.

Um dos meninos começou: "A guerra é idiota", disse desanimado.

Todos se viraram para ver como eu reagiria. "Posso perceber como você está se sentindo sobre a guerra", disse. "Conte-nos mais."

Os 30 minutos seguintes voaram enquanto os alunos expressaram seus piores medos e ansiedades mais profundas. Alguém perguntou: "Vamos escrever?" Pensei: "Talvez seja bom que eles canalizem de algum modo seus sentimentos também na forma escrita".

Abriram os cadernos e escreveram num silêncio sombrio. Quase no final da aula, perguntei se alguém gostaria de ler seu trabalho em voz alta. Muitos o fizeram. Eis alguns trechos:

Assustados e longe de casa
Eles lutam e perdem a vida
Por algo que poderia ter sido impedido.

Sílvia

Durante a guerra ouvem-se muitos barulhos
Barulhos de armas ou gritos de socorro
Mas o barulho mais alto de todos
é o barulho dos corações partidos
das famílias dos homens que morrem na guerra.

José

Muitas pessoas inocentes morrerão.
E muitas mais começarão a chorar.
Quando a mãe e o pai das crianças morrem,
As crianças ficam tristes, as crianças ficam assustadas.
E não entendem o porquê.

Jaime

Quando a aula terminou, a nuvem espessa que pairava sobre a classe se evaporou. As crianças tinham compartilhado sua dor. Todos nos sentíamos mais próximos uns dos outros. E um pouquinho menos sós.

2

Sete habilidades que incentivam a cooperação

Durante meu primeiro ano como professora, minha idéia de como obter cooperação era similar ao *slogan* da Nike: "Just do it!" ("Apenas faça!"). Afinal, eu gastava um tempão planejando cuidadosamente e dividindo o dia em uma série de lições importantes. Nós tínhamos muita matéria para dar e pouco tempo. Então, se a classe ficasse quieta e "cooperasse", nós seríamos capazes de aproveitar ao máximo o tempo.

A palavra cooperação significa trabalhar juntos rumo a uma finalidade ou propósito comum; no entanto, descobri que alguns alunos agiam como se o propósito comum deles fosse pôr um fim ao meu trabalho! Eu estava no meio da revisão da lição de casa quando alguém pedia para ir ao banheiro, um avião de papel voava na sala ou um aluno caía da cadeira.

O que havia com essas crianças? Elas não percebiam como era importante receber educação? Elas não tinham feito a conexão entre a escola e o próprio futuro? Por que elas não conseguiam se controlar um pouco?

Então um dia, no plantão do recreio com outra professora, eu observava um grupo de alunos se empurrando, se agarrando e

55

gritando de quem era a vez de jogar a bola. A professora revirou os olhos com desgosto e disse: "Olhe para eles. São tão imaturos! Por que eles se comportam de modo tão infantil?" Resmunguei concordando, mas pensei: "Talvez seja porque eles são crianças, e talvez nós adultos precisamos ser mais compreensivos em relação a como as crianças de verdade se comportam". Quando encontrei Janete na sala dos professores, falei sobre o meu grande *insight* no intervalo.

Janete discordou com a cabeça. "O que você está vendo é mais que comportamento infantil. Algumas dessas crianças lidam com problemas que nunca sonhamos quando éramos menores. Tenho alunos na minha classe que mal vêem os pais. Eles são altos profissionais absortos na carreira e tentando desesperadamente ter sucesso. Outros têm pais que não podem ficar em casa porque têm um emprego de dia e outro de noite para sobreviverem. César tem um aluno que esteve em duas casas adotivas e três escolas diferentes em um ano. E você me disse que tem um menino que vive em um abrigo para pessoas carentes. Essas crianças não só estão lidando com todos os problemas normais do desenvolvimento, como várias delas nem tiveram a oportunidade de ser criança."

Janete fez uma pausa e suspirou. "A triste realidade é que no mundo de hoje as crianças são submetidas a estresse e negligência sem precedentes. Se quisermos ter a esperança de ajudá-las a dominar habilidades acadêmicas, temos de ajudá-las a se livrar da bagagem emocional que carregam para a sala de aula. Isso significa que nosso papel como professor precisa se modificar para incluir elementos que caberiam aos pais."

Eu desconfiava que Janete tinha razão. Embora alguns alunos viessem para a escola prontos e com vontade de aprender, outros pareciam distraídos e carentes. Talvez isso explicasse por que eles ignoravam ou resistiam aos meus pedidos mais simples. O que estivesse acontecendo em casa continuava a dirigir seu comportamento na escola. Fazia sentido. Quando Samuel perguntou à mãe se ele podia ler a redação para ela, ela lhe respondeu para deixá-la em paz. (Seu namorado tinha acabado de lhe dar o fora.) Melissa, de pai viúvo e alcoólatra, era criada por uma babá adolescente e uma televisão. Ela não tinha idéia de como interagir com adultos. A mãe de Fernando era cronicamente deprimida. O que qualquer dessas crianças sabia de cooperação? Com certeza elas não estavam aprendendo a cooperar com a família. Obviamente eu não conseguia mudar o que acontecia na casa de cada uma delas, mas talvez eu pudesse mudar o que acontecia na escola.

Quando pensei no meu estilo de ensino, tive de admitir que às vezes eu parecia um sargento cuspindo ordens:

"Aponte o lápis."

"Levante a mão."

"Ponha seu nome na prova."

"Fique no seu lugar."

"Peguem os livros."

"Olhe só a sua prova."

"Fique na fila."

"Abaixe a voz."

"Jogue o chiclete fora."

"Tenha cuidado com o computador."

Eu não só ordenava o que fazer, mas também lhes determinava o que não fazer:

"Não corra no corredor."

"Não empurre."

"Não seja grosseiro."

"Não bata."

"Não esqueça a sua lição."

"Não escreva na carteira."

"Não fale."

"Não cole."

"Não ponha o pé no corredor."

"Não perturbe."

Em vez de ensinar o conteúdo, eu gastava a maior parte do tempo tentando controlar meus alunos fora de controle. Mas, se eu não fizesse assim, como eles aprenderiam a se comportar de modo civilizado? Mesmo assim parecia que, quanto mais ordens eu dava, mais resistentes eles se tornavam. O precioso tempo de aula era perdido lidando com desafios e lutas pelo poder. Em dias particularmente difíceis, eu voltava para casa sem paciência e com minha energia e força esgotadas.

Peguei novamente o livro *Como falar para seu filho ouvir e como ouvir para seu filho falar* e reli o capítulo "Incentivando a cooperação". Todos os exemplos eram de situações domésticas. O que aconteceria se eu os substituísse por situações escolares? Escrevi minhas revisões de um dos exercícios e os levei à escola no dia seguinte para mostrar aos meus colegas durante o almoço. Enquanto eles tomavam o café, eu propus: "Muito bem, turma. Vamos brincar de escola mais uma vez? Eu sou a professora, vocês são meus alunos. Enquanto me ouvem, perguntem-se: 'O que as palavras dessa professora me fazem pensar ou sentir?' Então me digam suas reações sem se censurarem".

"De modo algum!", respondeu César, pegando o meu papel. "Eu fui a cobaia da última vez. Que tal me deixar ser o professor?" Nós concordamos. O que se segue são as afirmações que o César leu e as reações dos "alunos" – Maria, Janete e eu.

PROFESSOR:	(culpando e acusando) Você esqueceu a caneta de novo? Com o que você achava que ia escrever? Agora nós precisamos parar a aula, todos vão perder tempo e achar uma caneta para você.
REAÇÕES DOS ALUNOS:	"Eu nunca faço nada direito."
	"Eu me sinto humilhado."
	"O professor é um chato."

PROFESSOR:	(xingando) Você deve ser bem bobo para entregar o trabalho e nem colocar o seu nome.
REAÇÕES DOS ALUNOS:	"Eu te odeio." "Faço tudo errado." "Acho que sou bobo."
PROFESSOR:	(ameaçando) Se eu vir você cuspindo mais uma vez, vou mandá-lo voando para fora da classe. E, se você continuar se comportando assim, vai ser suspenso!
REAÇÕES DOS ALUNOS:	"Não acredito em você." "Eu não ligo!" "Estou assustado."
PROFESSOR:	(dando ordens) Parem de falar! Deixem de lado os cadernos! Fiquem na fila! Agora. Depressa!
REAÇÕES DOS ALUNOS:	"Não sou seu escravo." "Vou fazer, mas devagar." "Como se sai dessa prisão?"
PROFESSOR:	(dando sermão e lição de moral) Não foi legal quebrar a caneta do João. Você gostaria que alguém quebrasse sua caneta? Se alguém lhe empresta alguma coisa, você precisa cuidar bem dela, do mesmo jeito que gostaria cuidassem das suas coisas. Você não acha que deve pedir desculpas ao João? Eu acho.
REAÇÕES DOS ALUNOS:	"Devo ser uma má pessoa." "Blá, blá, blá." "Parei de ouvir."

PROFESSOR:	(advertindo) Cuidado com esses tubos de ensaio! Eles vão quebrar e você vai se cortar... Cuidado com o bico de Bunsen! Você quer se queimar?
REAÇÕES DOS ALUNOS:	"Estou com medo." "É melhor eu não tentar fazer nada." "Você está errado. Não vai acontecer nada."
PROFESSOR:	(fazendo papel de mártir) Eu saio daqui com dor de cabeça por causa desta classe. Estão vendo esses cabelos brancos? Tem um fio para cada um de vocês.
REAÇÕES DOS ALUNOS:	"Vou lhe comprar uma tinta para o cabelo." "Queria dar o fora daqui. Não preciso disso." "A culpa é minha."
PROFESSOR:	(comparando) Por que o seu trabalho está atrasado? No ano passado dei aula para sua irmã e ela sempre entregava no dia.
REAÇÕES DOS ALUNOS:	"Nunca serei boa como minha irmã." "Odeio minha professora." "Odeio minha irmã."
PROFESSOR:	(sendo sarcástico) Ninguém se lembra em que ano Colombo descobriu a América? Brilhante! Esta escola deve ser um ímã que atrai todos os maus alunos. O único jeito de elevar o QI desta classe é vocês subirem nas cadeiras.
REAÇÕES DOS ALUNOS:	"Eu sou bobo. Não consigo me lembrar de nada."

	"Esta escola deve ser um ímã. Olha o mau professor que atraiu."
	"Vá para o inferno!"
PROFESSOR:	(fazendo profecias) Do jeito que vocês lidam com o estudo, nunca vão se manter num emprego. E, se vocês não conseguirem notas melhores que essas, não vão entrar em nenhuma faculdade.
REAÇÕES DOS ALUNOS:	"Não adianta."
	"Não sou bom."
	"Por que tentar?... Eu desisto."

Nos olhamos quando o exercício terminou. Janete disse o que pensávamos: "Se nós sentimos tanta raiva e desespero quando apenas fingimos ser alunos, o que eles devem sentir de verdade?"

"Especialmente se eles ouvem esse tipo de fala em casa também", acrescentou Maria. "Minha irmã sempre diz aos filhos dela: 'Se suas notas não melhorarem, vou tirar a TV'. 'Você devia estudar como seu irmão. Talvez você tirasse dez também.' 'Você não faz lição porque é preguiçoso.' Ela está sempre em cima deles e o pai sempre faz sermão."

"A especialidade do meu pai era o sarcasmo", revelou Janete. "Suponho que ele se achava engraçado ou inteligente. Ele dizia: 'Perdeu o livro que você pegou na biblioteca? Puxa! Que responsável'. Quando eu era pequena, isso me confundia. Eu pensava: 'Como poderia perder coisas e ser responsável?'. Quando cresci, seu sarcasmo me feria mesmo e eu ficava com vontade de responder-lhe sarcasticamente. Às vezes eu conseguia. Infelizmente, fiquei muito boa nisso. Quando comecei a lecionar, as palavras simplesmente brotavam da minha boca, especialmente quando eu estava frustrada. Lembro-me de ter dito a um aluno atrasado o que meu pai me disse mil vezes: 'Você é lento naturalmente ou alguém está o ajudando?' A classe estourou de rir".

"E aquela risada", comentou César, "é música para os ouvidos do professor e nos estimula a graus ainda maiores de sarcasmo."

"Eu sei", disse Janete solenemente. "Mas atrás de toda a risada encontra-se uma criança que está sendo dilacerada – em público. Eu não faço mais isso".

"Como você parou?", perguntou Maria.

Janete mudou de expressão. "Não é agradável contar isso. No meu segundo ano lecionando, eu tive uma aluna especialmente irritante. Tereza achava que não tinha nada de mais pegar um espelho no meio da aula e ficar brincando com o cabelo. Um dia eu estava fazendo perguntas sobre uma leitura a respeito do antigo Egito. Nenhuma mão se levantou. Então peguei Tereza pintando as unhas. Isso era demais! Eu disse: 'Bem, não vou pedir que a Tereza responda. Ela faz tantas contribuições às discussões em classe que temos de dar oportunidade a outra pessoa'. Alguns alunos deram uma risadinha, mas, para minha surpresa, Tereza levantou os olhos e me deu um sorriso radiante. Ela pensou que eu tinha falado sério! Meu elogio a empolgou!"

Fiquei tão envergonhada que disse a mim mesma: "Nunca mais! Se eu quiser demonstrar minha desaprovação, tenho de fazê-lo de forma direta. Se eu quiser ser divertida, devo ter certeza de que não será à custa de um aluno."

César disse: "Tudo bem, então muitas coisas que nós normalmente dizemos aos alunos ou os faz sentir mal sobre si mesmos ou sobre nós. Mas a questão permanece: ainda é nosso dever fazer que se comportem".

Maria acrescentou: "Correto. O que um professor poderia fazer? Além de tentar ser bonzinho e dizer '"Por favor faça isso' ou 'Por favor faça aquilo'".

"Aha", eu disse, pegando o *Como falar para seu filho ouvir e como ouvir para seu filho falar* e balançando-o no ar: "A resposta está aqui". Abri o capítulo "Incentivando a cooperação" e mostrei as histórias em quadrinhos para César e Maria.

César estudou os desenhos: "Todos esses são exemplos que acontecem em casa". "Sim", respondeu Maria, "mas crianças são sempre crianças, não importa onde estejam, em casa ou na escola. Não acho que seja muito diferente."

"Acho que há muita diferença", retrucou César, "entre um ou dois pais lidando com uma ou duas crianças e um professor tentando controlar 30 ao mesmo tempo".

"É verdade. Nesse sentido, a tarefa do professor é mais difícil", concordou Janete. "Em outros aspectos a tarefa dos pais é mais árdua, é um compromisso para a vida toda. Eles não podem dispensar os filhos às três horas. Ou esperar que sejam outros após as férias. Entretanto, quer você esteja na sala de casa ou na sala de aula, as mesmas habilidades podem ser bem úteis – e muito eficazes."

No restante da hora do almoço, todos nós trabalhamos juntos para transpor os princípios de incentivar cooperação no ambiente escolar. Eis, em forma de história em quadrinhos, os exemplos que elaboramos:

DESCREVA O PROBLEMA

Quando os professores descrevem o problema, em vez de acusar ou dar ordens, os alunos procuram se comportar com mais responsabilidade.

DÊ INFORMAÇÃO

OFEREÇA UMA POSSIBILIDADE DE ESCOLHA

Ameaças e ordens podem fazer que os alunos se sintam incapazes ou desafiados. A escolha abre a porta para novas possibilidades.

SEJA CONCISO, TANTO NAS PALAVRAS COMO NOS GESTOS

DESCREVA O QUE *VOCÊ* SENTE (NÃO FAÇA *NENHUM* COMENTÁRIO SOBRE A PERSONALIDADE DO ALUNO)

Quando os professores descrevem seus sentimentos sem atacar ou ridicularizar, os alunos conseguem ouvir e responder com mais responsabilidade.

ESCREVA BILHETES

Em geral, alunos ignoram o pedido de um adulto, mas se vêem um aviso, eles entendem a mensagem. No exemplo a seguir, o aviso foi colocado na frente de uma gaiola suja.

O aviso a seguir foi colocado na caixa de recebimento de trabalhos. O professor estava cansado de repetir as mesmas recomendações.

O professor enviou o seguinte bilhete para uma aluna que estava atrasada com a entrega do trabalho.

Ficamos satisfeitos. Os exemplos que tínhamos elaborado juntos pareciam muito factíveis – no papel. Eu propus: "Agora, a prova verdadeira é colocar todas essas idéias maravilhosas em prática na sala de aula".

César comentou: "Talvez vocês fiquem surpresos ao ouvir que nos meus bons tempos eu realmente fazia algumas dessas coisas naturalmente com os alunos. Eu sempre dizia: 'Seus pés', 'A porta', 'Seus relatórios'. Só que na ocasião eu não sabia que estava sendo 'habilidoso'. E há mais uma coisa que eu faço que não está na lista".

"O quê?", perguntei.

"Brincar. Um pouco de humor. Alguma coisa para animar a classe. Eu o faço tanto por mim como pelos alunos."

Maria comentou: "Uma piadinha faz bem. O Márcio gosta das aulas de biologia porque seu professor sempre conta piadas. E é verdade. Numa reunião, um professor disse aos pais que a falta de verbas é tanta que a turma da manhã teria de costurar os sapos para que a turma da tarde pudesse dissecá-los".

César deu uma gargalhada: "Isso é o que digo. O riso deixa todos de bom humor e permite que os alunos cooperem".

Eu estava curiosa: "O que exatamente você faz, César? Dê um exemplo".

"Tudo bem", disse, "treinamentos de incêndio. Você sabe que os alunos nunca os levam a sério e como é difícil tirá-los da classe. Mas, se eu faço os procedimentos do 'Comando Naval', somos a primeira classe a chegar à rua".

"Seu procedimento do quê?", perguntamos. César enrolou um pedaço de papel no formato de um megafone, levou-o a boca e anunciou: "Ouçam! Isto é um treinamento. Isto é um exercício de incêndio. Todos a seus postos. Rápido!"

"É impressionante como as crianças reagem rápido a qualquer coisa que seja um pouco divertida", disse Janete. "Lembro-me de quando lecionava na primeira série, sempre era uma luta fazer uma fila com a classe para ir a qualquer lugar. Então um dia eu disse:

'Crianças, vamos fazer um trem para ir ao recreio. João, você vem na frente para ser a locomotiva. Mônica, você é a última, e todos os outros são os vagões de carga no meio. Agora, engatem nos ombros do que está na frente e vamos lá!'. Em menos de um minuto eles formaram uma fila perfeita e, ao som de motores, foram todos porta afora, sorridentes."

"Mas você só faria isso com crianças pequenas, certo?", perguntou Maria.

"É assim que eu pensava!", exclamou Janete. "Quando fiquei com uma classe de quarta série no ano seguinte, eu achava que eles eram muito crescidos para esse tipo de coisa. Então um dia recebi uma queixa da professora da sala vizinha de como meus alunos eram barulhentos quando saíam para o refeitório. Em vez de dar bronca, eu lhes disse muito séria para pegarem suas chaves mágicas no bolso, trancarem a boca e me entregarem as 'chaves' antes de sair".

"E eles?"

"Todos colocaram a 'chave' na minha mão e foram até o refeitório de boca fechada. Então, devolvi a cada um as 'chaves' para abrirem a boca para falar e comer."

"Seus filhos sabem a sorte que têm de ter você como mãe?", eu perguntei a Janete. "Você deve ser tão divertida!"

Janete mal sorriu. "Meus filhos não concordariam com você", disse enquanto juntava suas coisas para voltar para a classe. "Quando eu chego em casa, não sobra muita coisa. Eu só quero paz e sossego."

"E você os terá", disse César saindo com Janete, "quando seus filhos crescerem e saírem de casa."

Essa conversa foi na sexta-feira. Na segunda-feira, Janete pôs sua bandeja na mesa e sorriu para nós todos.

"O que foi?", perguntou César.

"Estou muito orgulhosa", anunciou Janete. "Vocês se lembram do que conversamos na sexta-feira? Bem, quando cheguei em casa naquela tarde, meus filhos estavam na cozinha lanchando e havia livros, tênis e cascas de banana na mesa e migalhas no chão. Eu os ameacei? Xinguei? Dei lição de moral? Não." Janete parou fazendo suspense e apontou para César. "Em vez disso, eu usei a sua idéia de falar como se fosse outro personagem."

César parecia espantado: "Outro personagem?"

"Na verdade", disse Janete, "eu tentei vários personagens. As crianças adoraram e o meu marido se inspirou e criou outros."

"Nos dê uma amostra", pediu César.

"Aqui? Agora? Estou com vergonha."

Não precisou muito esforço de nossa parte. Logo Janete estava nos entretendo com suas atuações. Aqui, em forma de história em quadrinhos, estão os personagens que Janete e seu marido inventaram para sua diversão e dos seus filhos.

EM VEZ DE DAR BRONCA

Maria não conseguia parar de rir. "O que vocês fizeram foi muito engraçado. Sei que, se eu fizer assim com meus filhos, provavelmente eles também arrumarão. Mas eu me sentiria boba. Eu não sou assim. Sou mais séria. Talvez séria demais."

"Não posso julgá-la", comentou Janete, "mas acho que todos nós temos um lado divertido escondido em alguma parte. Só precisamos descobri-lo e mostrá-lo. Veja o que você fez com a Ana outro dia."

Maria ficou perplexa.

"Quando você teve aquela briga feia antes de Ana ir para a escola." Maria enrubesceu: "Oh, isso não foi nada".

Janete disse: "Confie em mim. Vale a pena, conte-lhes o que aconteceu. Por favor!"

Maria hesitou um pouco: "Bem, Ana e eu tivemos uma briga feia pouco antes de o ônibus chegar. Percebi que ela estava chateada de sair antes de fazermos as pazes. Sabia que ela queria me beijar e ao mesmo tempo não. Então lhe perguntei se podia ganhar um beijo. Ela respondeu: 'Não!' Perguntei se ganharia um quando ela chegasse da escola. Mais uma vez ouvi um sonoro 'Não!' Então perguntei se ganharia um beijo quando ela se casasse. Ela riu e exclamou: 'Oh, mãe' e me beijou e abraçou e nós nos sentimos melhor".

No final da hora do almoço eu me senti estranhamente animada enquanto subia a escada para minha sala. Fiquei emocionada com a história da Maria (imagine usar humor em um momento tão tenso!) e encantada pelas personagens loucas que Janete e seu marido tinham inventado. Parecia tão divertido tentar algo diferente, fazer o inesperado. Pensei nos alunos indisciplinados da minha classe, que continuamente falavam sem pedir licença ou esperar pela vez. Eu tentei várias das minhas habilidades com eles, mas não o humor. Tinha descrito o problema: "Ouço respostas, mas não vejo mãos levantadas". Isso serviu para alguns. Disse-lhes o que sentia: "Fico frustrada quando todos falam juntos e eu acabo não ouvindo ninguém". Outros poucos reagiram apropriadamente. Para os mais resistentes ofereci uma escolha: "Vocês podem levantar a mão direita ou a esquerda". Alguns escolheram a direita, outros a esquerda, um levantou ambas. Quando alguém se esquecia, eu os lembrava com uma simples palavra: "Mãos!"

Congratulei-me por ter a situação razoavelmente sob controle, mas Rubens continuava a escapar de mim. As palavras saíam de sua boca antes que ele pudesse pensar em levantar a mão. Nada do que eu tinha dito parecia ter impressionado sua natureza irreprimível. De repente, tive uma inspiração. Parei na escadaria, peguei meu bloco e escrevi:

Caro Rubens,
Para falar
Levante a mão.
Vou agradecer
De montão.
Sua professora

Durante a aula perguntei à classe as causas da Segunda Guerra Mundial. As mãos acenaram levantadas e uma voz se ouviu. Era o Rubens, claro. Fui até sua carteira, sorri amigavelmente e lhe entreguei meu bilhete dobrado. Ele o abriu, sorriu de volta e passou a levantar a mão a partir de então!

No dia seguinte, contou-me que tinha escrito um poema para mim. Eu o li e lhe pedi que o copiasse na lousa como um lembrete para a classe toda. Em letras grandes, Rubens escreveu:

1, 2, feijão com arroz
Levante a mão
Pra falar depois.

Nunca mais tive de dizer uma palavra sobre isso. Era só apontar para o poema do Rubens.

Lembretes

Incentivando a cooperação em casa e na escola

ADULTO: Quem fez essa bagunça no chão?

Em vez de perguntar e criticar, você pode:

1. DESCREVER O PROBLEMA
   "Vejo tinta espalhada no chão."

2. DAR INFORMAÇÕES
   "É mais fácil remover a tinta antes que seque."

3. OFERECER UMA POSSIBILIDADE DE ESCOLHA
   "Você pode limpá-la com um pano molhado ou com uma esponja úmida."

4. DIZER EM UMA SÓ PALAVRA OU GESTO
   "Tinta!"

5. DESCREVER O QUE VOCÊ SENTE
   "Eu não gosto de ver o chão com tinta espalhada."

6. ESCREVER UM BILHETE

   Atenção, todos os artistas
   Por favor, deixem o piso em
   sua condição original no final!

   Obrigada,
   A gerência.

7. USAR O HUMOR (OUTRA VOZ, SOTAQUE OU MÚSICA)
   Melodia do "Meu limão, meu limoeiro"

   O meu chão tá tão manchado
   Até parece machucado
   Não podemos deixá-lo assim
   Vamos já limpá-lo, sim

Perguntas e histórias dos pais e professores

Perguntas dos pais

1. **A forma como você diz algo é tão importante quanto o conteúdo?**

   O tom de voz é certamente tão importante quanto o que está sendo dito. A resposta mais habilidosa pode estragar tudo se transmitida com um suspiro de desagrado que implica: "Você fez isso outra vez? Você nunca vai aprender?" As palavras precisam ser acompanhadas de uma atitude de respeito, que mostre: "Tenho confiança em sua capacidade e em seu julgamento. Quando eu indicar um problema, você saberá o que fazer".

2. **Outro dia, minha filha veio chorando porque um dos irmãos tinha rasgado umas folhas do seu caderno. Perguntei aos dois meninos quem tinha feito aquilo e ambos negaram. O que posso fazer para que falem a verdade?**

   A pergunta "Quem fez aquilo?" aciona imediatamente um alarme nas crianças. Elas defrontam duas possibilidades desagradáveis: se mentirem e escaparem de uma eventual punição, se sentirão aliviadas em curto prazo, mas culpadas em longo prazo. Se disserem a verdade, podem esperar uma bronca e talvez um castigo. Pior ainda: sua confissão pode levar a uma pergunta ainda mais ameaçadora: "Por que você fez aquilo?"

   Não importa como a criança tenta justificar suas ações, ela sente que a verdadeira resposta ao que cometeu é uma série de auto-incriminações: "Porque eu sou bobo, mau, feio, egoísta e malcriado".

   Em vez de perguntar às crianças quem fez o que ou por que, diga qual é o problema: "Sueli está muito chateada". Prossiga com uma informação: "Quem quiser papel peça para mim, que vou arranjar".

3. Sempre que quero que minha filha faça algo, tento pedir educadamente. Digo "Por favor, apresse-se ou você vai chegar atrasada à escola" ou "Por favor, desligue a TV e comece o trabalho sobre o livro agora", mas ela me ignora. O que você recomendaria?

Freqüentemente, os adultos usam o "por favor" para amenizar o impacto de uma ordem direta. Os filhos em geral desligam o "por favor" e se rebelam contra a ordem. Isso, por sua vez, deixa a maioria dos pais enfurecidos. E, pior ainda, algumas crianças usam a fórmula do "por favor" para fazer suas próprias demandas. Como existem outras opções para incentivar a cooperação *(veja o quadro de lembretes na página 76)*, você pode reservar o "por favor" para situações de pouco envolvimento emocional como quando deseja simplesmente ensinar maneiras educadas, por exemplo, "Por favor, passe o pão".

4. A partir de que idade vocês recomendam que os pais escrevam bilhetes aos filhos?

É surpreendente como a escrita pode funcionar também com crianças que ainda não sabem ler. Uma mãe nos contou que a filha levava um tempão para se arrumar para a escola e sempre se atrasava. Uma tarde, a mãe sentou-se com ela e fez uma lista de tudo que ela precisava fazer antes de sair de casa. Ao lado das palavras de cada tarefa (escovar os dentes, pentear-se, tomar café etc.) ela fez um desenho simples. Daí em diante a menininha consultava a lista toda manhã para se preparar para a escola. Então, um dia, ela orgulhosamente cobriu os desenhos com uma mão e "leu" a lista inteira para o pai.

5. Quando meu filho insistiu que não faria um "discurso bobo" mesmo que a professora o reprovasse, eu lhe disse que ele teria de fazer e lhe ofereci duas opções: ele poderia treinar na frente do seu espelho ou do meu. Ele recusou ambas. Alguma sugestão?

Quando uma criança tem sentimentos negativos fortes em relação a fazer algo, pode perceber a escolha como manipulação ou armadilha. Antes mesmo de começar a pensar nas opções que você lhe oferece, precisa saber que você compreende sua resistência. Por exemplo: "A idéia de ficar de pé diante de uma platéia e fazer um discurso pode ser assustadora. Até os profissionais ficam nervosos! O que você acha que faria você se sentir mais relaxado ou confiante? Treinando na frente do espelho?... Tentando com a família?"

Suas escolhas podem até levar seu filho a uma terceira opção: "Talvez eu use o gravador e ouça meu discurso até decorar tudo".

Quando você fica a seu lado e reconhece a dificuldade da tarefa, torna possível que ele ouça e leve em conta suas propostas.

Histórias dos pais

Este primeiro exemplo mostra um pai usando suas novas habilidades para ajudar o filho adolescente a conviver melhor com um aluno do exterior, que moraria com eles durante um ano.

"Meu filho, João, estava fazendo lição e escutando sua estação favorita de *rock*. Eu percebia que André, o estudante do intercâmbio que viera da França, estava tendo dificuldade para se concentrar na lição, mas, por polidez, não dizia nada. Só ficava olhando para o rádio. Fiquei furioso com a insensibilidade do meu filho. Estava quase lhe perguntando como ele esperava que o André estudasse com todo aquele barulho, mas achei que seria melhor se eu só oferecesse informação. Disse: "João, algumas pessoas conseguem estudar com música. Outras precisam de silêncio para pensar". João virou-se, abaixou um pouco o volume e perguntou ao André: "Assim está bom?".

Meia hora depois, ouvi o volume aumentar de novo. Entreabri a porta e gritei: "A música!", João pediu desculpas e desligou o rádio; André disse *merci*."

* * *

A história a seguir é de uma mãe que usava muito humor para incentivar a cooperação de sua filha Mônica, de 3 anos.

Mônica estava quase entrando na piscina com o livro da biblioteca. Eu estava muito longe para impedi-la, então gritei: "Não! Livro, pare! Livro, você não pode entrar na piscina! Livros não sabem nadar!" Mônica parou, olhou para o livro e correu rápido para casa, deixando-o lá dentro. Logo a seguir voltou para a piscina.

* * *

As duas histórias seguintes ilustram o poder da palavra escrita.

André, meu filho de 10 anos, implorou-me para que eu emprestasse minha melhor travessa de mesa para levar à feira de comida internacional na escola. Quando a feira terminou, ele esqueceu de trazê-la. Eu o lembrei todo dia durante uma semana, mas ele não a trazia. Finalmente, escrevi na banana que mandei para seu lanche: "TRAVESSA!!" Mais tarde, ele me contou que todas as crianças riram quando ele pegou a banana e mesmo assim esqueceu a travessa.

Eu disse: "André, isso exige medidas drásticas. Você precisa escrever um bilhete que funcione". Ele sentou-se e escreveu:

Querido André
Lembre-se de trazer para casa aquela traveça boba,
Grudenta, suja, amanhã
Ou você vai ver só!!

Não corrigi seu bilhete. Ele o colocou na mochila e, no dia seguinte, trouxe a travessa.

* * *

Meu cachorro estava na janela latindo. Olhei para fora e vi meus dois filhos brigando com os filhos do vizinho no ponto de ônibus. Era chute, soco para tudo quanto é lado. Eu ainda estava de roupão, então escrevi depressa "PAREM DE BRIGAR" num pedaço grande de papel, o prendi na coleira do cachorro e o soltei, esperando que ele fosse até as crianças. Ele foi, latindo furiosamente. Quando as crianças viram o cachorro e leram o bilhete ficaram assombradas. Olharam ao redor, completamente surpresas. E pararam de brigar.

Perguntas dos professores

1. **O que acontece se eu descrevo o problema e meu aluno não responde? Outro dia disse para um aluno de primeira série: "Edu, seu pé está na passagem". Ele olhou e respondeu: "Ah" e não fez nada a respeito. Eu não sabia o que fazer depois disso.**

   É sempre possível repetir a fala. Se não resolver, dê informação: "Alguém pode tropeçar". Algumas crianças precisam ouvir mais de uma vez ou de outro modo.

2. **Eu me pergunto se dar informações funciona com adolescentes. Estávamos fazendo colagem na aula de artes e eu disse: "Sheila, a massa seca quando não é coberta" Ela revirou os olhos e respondeu: "Não brinca!" Por que ela reagiu assim?**

   A informação precisa ser apropriada à idade. Se você disser ao adolescente algo que ele já saiba, ele considera um insulto à sua inteligência. A Sheila só precisa do lembrete mais delicado e gentil: "Sheila, a massa".

3. **Qual a diferença entre a habilidade de falar em uma palavra e dar uma ordem? Se eu disser "Sente-se", não é o mesmo que dar uma ordem?**

Se você usar um verbo como palavra única ("Pare!", "Levante!", "Sente-se!") parecerá mesmo uma ordem. Dizer em uma palavra funciona melhor com um substantivo. "Laura, sua cadeira" leva-a a pensar "O que tem a minha cadeira? Ah, acho que tenho que me sentar". Você não está dizendo o que fazer. Você está direcionando sua atenção ao problema para que ela pense o que deve fazer.

4. **Eu pensava que a escolha incentivava a cooperação. Tenho duas alunas na classe que não param de conversar. Eu disse: "Vocês podem escolher: ou param de falar ou vou mudá-las de lugar". Bem, elas não pararam e, quando eu finalmente as troquei de lugar, reclamaram que eu era injusta. O que deu errado?**

Sua "escolha" era muito parecida com uma ameaça. Ao dizermos "Ou você faz isso para mim ou eu faço isso para você", o aluno se sente encurralado e hostilizado.

Antes de oferecer uma escolha em nada atraente, uma boa idéia é reconhecer os sentimentos de seu aluno. Você poderia dizer algo como: "É difícil sentar perto de uma boa amiga e não conversar. Existe tanta coisa que se quer contar!"

Então, quando você oferecer uma escolha, que seja uma que permita às alunas sentir que você está do lado delas. "E aí, meninas, o que seria mais fácil para vocês? Sentar perto e se controlar... ou trocar de lugar para não ficar com vontade de falar? Conversem sobre isso depois da aula e amanhã me contem o que decidiram."

5. **Acho que eu me sentiria bem expressando meus verdadeiros sentimentos para a maioria dos meus alunos, e provavelmente eles reagiriam apropriadamente. Mas tenho alguns valentões na minha classe. Suponha que eu diga: "Eu me incomodo de ver livros no chão" e um deles gritasse: "E daí? Quem se importa". O que eu faria?**

Pode ajudar se você pensar que as palavras de seus alunos não são dirigidas a você pessoalmente. É provável que eles ou estão usando você como alvo para uma hostilidade deslocada ou simplesmente repetindo em classe o que ouvem em casa. Você pode dizer a seu valentão: "Eu me importo. Eu me importo com o que eu sinto. Eu me importo com o que você sente. E espero que nesta classe nós todos nos importemos com os sentimentos uns dos outros".

Histórias dos professores

Uma professora de terceira série contou como foi útil para um de seus alunos quando ela lhe deu uma informação em vez de bronca.

Renato entrou antes de acabar o recreio, parecendo agitado. Eu comentei: "Renato, parece que você está preocupado".

Ele perguntou: "O que é 'aprozipado'?"

Eu disse: "Aproveitado?"

Ele disse: "É!" e me entregou um bilhete da inspetora de alunos. "Ela gritou comigo", revelou ele, "porque eu não estava sendo aprozipado".

Desdobrei o bilhete e o li em voz alta: "Peguei este menino cuspindo no pátio. Ele não pode ficar no recreio hoje porque seu comportamento não é apropriado".

Renato exclamou: "Viu? Ela disse que eu não era aprozipado. O que é isso?"

"Ela queria dizer", expliquei, "que você fez o que não era *apropriado*. Isso significa que não pode cuspir no pátio."

Renato parecia confuso.

Eu disse: "Renato, cuspir espalha germes".

Ele fez "Ah!"

E acabou. Ele nunca mais repetiu esse comportamento.

* * *

Um diretor de escola particular contou-nos o que ocorreu quando ele reconheceu os sentimentos de um aluno desafiador e lhe ofereceu uma escolha.

Como diretor, sou chamado freqüentemente para desempenhar "o papel do durão". Ontem, um dos professores me mandou um recado pedindo para eu "fazer alguma coisa" com o Toni, que não queria voltar do recreio. Pensei o que mais eu poderia fazer além de arrastá-lo. Quando saí, vi Toni agachado e um professor de rosto avermelhado, em pé, gritando com ele: "Eu lhe disse que ia chamar o diretor!"

Respirei fundo e disse: "Oi, Toni! Parece que está difícil para você sair do recreio. Não é para menos. Hoje o dia está tão lindo!" Ele não respondeu nada e continuou olhando para o chão.

Eu continuei: "Acho que você queria ficar aqui fora a manhã toda... Bem, agora está na hora de voltar para a classe. Então, o que você me diz? Devemos entrar por essa porta ou pela outra?"

Toni apontou a porta que ficava mais longe e disse: "Aquela".

Estendi a mão. Ele a pegou e andamos juntos para o prédio. Não sei quem se surpreendeu mais – eu ou o professor.

* * *

Uma professora do segundo grau relatou como tinha recorrido ao senso de humor de seus alunos para ensinar um assunto potencialmente chato.

Minha classe estava entediada com a aula de verbos de ligação e eu, sinceramente, também. Quando voltei para casa, sabia que deveria animar um pouco as coisas ou passaria outro dia gritando para eles pararem de falar e prestarem atenção. Gastei um tempo pensando em escrever um *rap*, mas só consegui fazer duas linhas.

No dia seguinte, contei aos meus alunos o que tinha feito e recitei as duas linhas. Todos se entusiasmaram. Passamos o resto da aula trabalhando na letra e quando tocou o sinal tínhamos a música inteira.

Os alunos saíram da sala cantando, ensinaram-na para seus amigos e a cantaram no ônibus escolar no dia seguinte, e foram muito bem na prova. Eis a música:

Oi! Eu tenho uma lição
Pra te ensinar
É o rap verbos de ligação
muito fácil de cantar
verbo de ligação
liga sujeito ao predicado
e, se não tomar cuidado,
a ordem pode mudar
o adjetivo formar o predicado
Fique esperto, faça certo!
Olhe com atenção e
Verá então que o verbo ser é de ligação
E são também: estar, ficar, parecer
E pra completar... o permanecer!

* * *

Esta última história é de um professor de sexta série que contou como usou a escrita para impedir que uma aluna fosse provocada por seus colegas.

No dia em que Sara foi transferida para minha classe, eu soube que seria um problema. No instante que passou pela porta, com seu rosto redondo e triste e excesso de peso, Meire, a líder da panelinha, sorriu afetadamente e olhou para seus fiéis seguidores. Todos disfarçaram a risada e Sara enrubesceu.

Isso foi só o começo. Mais tarde, naquela semana, li o relatório do professor de ginástica. Ele havia escrito que Meire não queria que Sara ficasse em seu time porque era "gorda demais". Os funcionários do refeitório também me contaram que Meire tinha gritado

"Lá vem a lata de lixo humana!" quando Sara passou por ela com a bandeja. Uma professora comentou que alguém tinha gritado "Sara a Bolha".

Fiquei indignada. Sabia que Meire não só instigava como também ficava constantemente atiçando seus colegas.

Pensei em falar diretamente com ela, mas fiquei com medo de dizer-lhe algo de que me arrependesse. Finalmente, resolvi escrever para Meire.

Precisei fazer vários rascunhos até chegar ao tom desejado. (Nas primeiras versões eu enfatizava que estava brava e insatisfeita com sua crueldade). Eis o que finalmente escrevi e lhe entreguei:

Cara Meire,

Preciso da sua ajuda. Como você deve ter notado, Sara tem sido rebaixada e ridicularizada todos os dias desde que foi transferida para nossa classe. A escola deve ser muito difícil para ela.

Você deve estar admirada por eu ter escolhido escrever para você. É porque eu percebi suas qualidades de liderança e o respeito que seus amigos têm por você. Imagino que, se você mostrar a eles que o peso de uma pessoa não é a medida de seu valor, a provocação e as piadinhas vão parar!

Sei que esta carta exige muito de você, mas tenho certeza de que você encontrará uma forma de tornar a escola uma experiência mais feliz para Sara.

Sinceramente,
Professora G.

Meire nunca mencionou a carta, mas nos dias seguintes os risinhos afetados e os comentários maldosos começaram a diminuir. Uma das meninas perguntou para Sara se ela queria ajudar a preparar o cenário para a peça da classe e Meire a escolheu para o time de vôlei. Sara ficou entusiasmada. E eu também.

3

As armadilhas do castigo: opções que levam à autodisciplina

Marcos chegou do recreio gritando e esmurrando. Mais uma vez, um agitado jogo de futebol o deixara louco. Aproximou-se da professora cheio de acusações.

MARCOS: O Gerson é um ladrão! Eles disseram que foi culpa minha, mas não foi! Foi culpa do Gerson! Ele chutou a bola pra fora... não eu! A professora de educação física me mandou sentar no banco por brigar, mas não fui eu que comecei! Foi o Gerson! Agora o Antônio não vai me deixar jogar no time dele! Odeio esta escola!

PROFESSORA: Chega! Estou cansada de você, Marcos! Ninguém quer jogar com você quando você age como um chorão. Os meninos não querem jogar com quem culpa os outros por seus problemas!

MARCOS: Mas...

PROFESSORA: Sem mas! Não quero ouvir. Já estou cheia das suas desculpas.

MARCOS: Mas eu não...

PROFESSORA: Não quero ouvir nem mais uma palavra. No próximo intervalo você vai se sentar na sala dos menores e tentar descobrir como deve se comportar alguém da sua idade.

Eu era essa professora. Fiquei arrependida assim que as palavras saíram de minha boca. Sabia que devia ter sido mais paciente. Já tinha falado com Marcos sobre seu comportamento imaturo muitas vezes e minhas conversas nunca ajudaram.

Pensei no Marcos o dia inteiro. O que eu esperava conseguir dele? O meu castigo reduziu sua agitação? Não. Abriu uma linha de comunicação entre nós? Claro que não. Ajudou-o a resolver seu problema? Novamente, não. Ele não aprenderia a brincar com crianças de sua idade sentado numa classe cheia de crianças pequenas. Então, o que me levou a puni-lo?

Foi o que perguntei à Janete enquanto nos dirigíamos à reunião de professores. Quando ela fez uma pausa para pensar na minha pergunta, eu mesma respondi: "Eu estava brava e frustrada e não conhecia outra forma de atingi-lo".

"Tem outra coisa", disse Janete, "o castigo nos é familiar. Não sei você, mas eu cresci ouvindo 'Se você fizer isso mais uma vez, vai ficar de castigo' ou 'Você recebeu exatamente o que merecia'...".

"E que tal 'Estou fazendo isso para o seu próprio bem'?", acrescentei.

Janete sorriu com pesar: "Isso também. É assim que um adulto dava uma lição à criança".

"É. Ainda me lembro de como me sentia ao ouvir essas palavras quando era criança. Posso garantir que não aprendi nenhuma lição. Eu não pensava como poderia melhorar no futuro. Só me lembro de sentir raiva e ter fantasias de vingança: 'Eles vão ver. Vou fazer de novo só que não vou ser pego'. Agora eu sou o adulto tentando ensinar uma lição ao Marcos e provavelmente ele está tendo as mesmas reações que eu tive."

"E, se isso é verdade", comentou Janete, "se o castigo deixa as crianças com raiva e desejo de vingança, por que nós, pais e professores, continuamos a usá-lo?"

César nos alcançou. "Ouvi isso", respondeu alegre, abrindo a porta da biblioteca, onde seria a reunião. "É porque há trinta deles e um de nós e, se nós não os castigarmos, eles nos vão dominar."

"Fala sério, César", retruquei.

"Estou falando sério. De que outra forma você faz que cumpram regras? Às vezes é preciso punir as crianças para lhes ensinar uma lição."

Voltamos ao mesmo ponto! "Mas, César...", tentei explicar enquanto íamos para uma mesa no canto, "se o castigo ensina uma lição, o que os alunos estão aprendendo? Quando uma criança é punida verbalmente – 'Eu quero que você escreva: 'Não devo colar' cem vezes –, provavelmente pensa: 'Eu não sou bom, mereço ser castigado'".

"E", Janete concordou, "quando uma criança é punida fisicamente – a palmatória na sala do diretor vai mudar sua idéia sobre brigar! –, ela aprende: É certo você me bater, mas não é certo eu bater... até ser eu o adulto que mande."

César nos olhou: "Dou a meus alunos muita liberdade e, como vocês sabem, não acho errado que se divirtam. Mas há limites. Se ouço palavrões ou cochichos ou vejo mau comportamento, eles são castigados." Então ele pegou uns livros sobre educação na prateleira de trás e pediu que ouvíssemos. "Eis as palavras dos maiores educadores contemporâneos que compartilham a minha filosofia":

Punição [...] é com freqüência rapidamente efetiva no tratamento de comportamentos prejudiciais.[1]

---

1. MATSON, Johnny L.; DILORENZO, Thomas M. *Punishment and its alternatives: a new perspective for behavior modification*. Nova York: Springer Publishing, 1984, p. 10.

Em vez da ineficiência de opções testadas, a punição pode ser uma solução melhor que as outras.[2]

Não usar castigo [...] impede um tratamento potencialmente efetivo.[3]

"Aqui", disse César, empurrando os livros na mesa. "Vejam. Todos escritos há pouco mais de vinte anos."

"Não me importa quando foram escritos", bufou Janete. "São arcaicos. Além do mais, você citou esses autores fora de contexto. E mais: há outra escola de pensamento que você talvez não conheça, que assume uma posição muito diferente." Então, ela pegou quatro livros da prateleira e virou as páginas furiosamente.

Pedi: "Janete, talvez você devesse esperar pelo fim da reunião".

"Tudo bem", retrucou César. "As pessoas ainda estão chegando. Além do mais, quero ouvir isso."

"Vamos lá", disse Janete. "Essas são as idéias de algumas autoridades que acreditam que a punição não é uma forma efetiva de disciplina."

"O dr. Haim Ginott ensina:

A punição não impede o mau comportamento. Ela meramente torna o ofensor mais cauteloso ao cometer seu crime, mais habilidoso em esconder suas provas, mais cuidadoso para não ser pego. Quando uma criança é punida, ela resolve ser mais cautelosa, não mais honesta e responsável.[4]

"O dr. Irwin A. Hyman afirma:

---

2. SABATINO, David A.; SABATINO, Ann C.; MANN, Lester. *Discipline and behavioral management: a handbook of tactics, strategies, and programs*. Rockville: Aspen Systems, 1983, p. 12.
3. COOPER, John O.; HERON, Timothy, E.; HEWARD, William L. *Applied behavior analysis*. Columbus: Merrill Publishing, 1987, p. 412.
4. GINOTT, Haim G. *Teacher and child*. Nova York: Avon Books, 1970, p. 122.

O uso do castigo corporal ensina à criança que a violência é a forma de resolver problemas. A pesquisa mostra que essa mensagem é ensinada aos que infligem a dor, aos que a recebem e aos que a presenciam. Ela não ajuda as crianças a desenvolver os controles internos que são necessários numa democracia.[5]

"O dr. Rudolf Dreikurs diz:

Hoje pais e professores não conseguem mais fazer as crianças se comportarem. A realidade exige que apliquemos novos métodos para influenciá-las e motivá-las a cooperar. Punições como: surra, dar um tapa, humilhar, privar e rebaixar crianças de modo geral são meios ultrapassados e ineficientes para disciplinar as crianças.[6]

"O dr. Albert Bandura lembra:

A punição pode controlar o mau comportamento, mas, por si só, não ensina o comportamento desejável nem reduz o desejo de se comportar mal.[7]

César começou uma longa discussão, mas eu só conseguia pensar nas últimas palavras que Janete tinha lido: "reduz o desejo de se comportar mal".

Era exatamente isso que eu gostaria de fazer. Gostaria de saber como atingir o interior de meus alunos e transformar aquele "desejo de se comportar mal" em um desejo de se comportar de forma adequada. Eu queria evitar o terrível peso do castigo e encorajar as

---

5. HYMAN, Irwin A. *Reading, writing, and the hickory stick*. Lexington: Lexington Books, 1990, p. 200.
6. DREIKURS, Rudolf; GRUNWALD, Bernice Bronia; PEPPER, Floy C. *Maintaining sanity in the classroom*. Nova York: Harper & Row, 1971, p. 117.
7. BANDURA, Albert. Human agency in social cognitive theory. *American Psychologist*, n. 44, p. 1175-1784, 1989.

crianças a ser comportadas e autodisciplinadas. Eu gostaria de encontrar algumas opções efetivas ao castigo.

Enquanto a orientadora educacional distribuía alguns formulários novos para preenchermos, sussurrei à Janete: "Se, em vez de ameaçar mandar o Marcos ficar com os pequenos, eu tivesse reconhecido sua raiva e, quando ele estivesse calmo, o ajudasse a pensar no que poderia fazer quando sentisse estar sendo tratado de modo injusto, teria sido melhor. Ele não merecia ter sido castigado".

César se inclinou e perguntou: "Mas, e o aluno que merece?"

Essa me pegou. Meus pensamentos voltaram-se para Ana, menina com o papel principal na peça que eu estava dirigindo para a festa de fim de ano. Tive de admitir que ela era uma garota que me dava vontade de punir.

No estacionamento, depois da reunião, contei à Janete que a Ana me deixava furiosa, que eu a escolhi para o papel porque ela havia se destacado nos testes, mas que ela era detestável nos ensaios. "Ela faz qualquer coisa para chamar a atenção para si – fica se enfeitando, rindo afetadamente, enrolando para perder tempo – e, quanto a decorar sua parte, esqueça. Isso é para o povão. A princesa Ana nem se incomoda em trazer seu *script*. Acho que ela pensa que consegue decorar toda a sua parte no último minuto. Talvez ela consiga, mas tenho essa imagem horrível na minha mente, na apresentação da festa do fim de ano, com a Ana de pé, no meio do palco, pálida e com olhos vidrados e eu, na lateral, soprando suas falas."

"O que você gostaria que ela fizesse?", perguntou Janete. "Conte-me sua pior fantasia de castigo."

"Não posso. É muito má."

"Vamos lá!"

"Gostaria de dar uma de professora Rosalinda."

"Quem é ela?"

"Minha professora da quinta série. Ela era um osso duro de roer. Nunca deixava passar nada."

"Tá, então o que a professora Rosalinda faria com a Ana? Diga, pelo menos você desabafa. Então seremos bem profissionais e vamos ver se conseguimos imaginar algumas opções razoáveis."

Nas páginas a seguir, em forma de história em quadrinhos, você verá minha fantasia de castigo, e todas as possibilidades que imaginamos.

E se a aluna ainda não cooperar?

Mas suponha que Tânia ainda não se esforce para aprender sua fala.

O que aconteceu de verdade? Eu não tive de tomar aquele último e drástico passo. Só em saber que tinha tantas opções, voltei ao próximo ensaio com uma atitude completamente diferente. Não haveria mais acusações, advertências ou ameaças horríveis. Quando chamei Ana de lado e lhe disse como me sentia e expus como poderia se recuperar, ela ouviu silenciosamente. No ensaio seguinte notei uma mudança em seu comportamento. Até o fim da semana ela tinha decorado todas suas falas.

Na segunda-feira seguinte, contei meu pequeno triunfo a Janete e César na hora do almoço.

César imediatamente me desafiou: "Mas e se ela não tivesse decorado suas falas? O que aconteceria se você a deixasse vivenciar as conseqüências de seu comportamento e a retirasse do elenco? Em que isso é diferente de castigo?"

Fiquei surpresa com suas perguntas. Como explicar o que só agora estava começando a ficar claro para mim?

"Minha intenção era completamente diferente", respondi devagar. "Minha intenção não era feri-la, privá-la ou vingar-me. Não era nem mesmo ensinar-lhe uma lição. Era proteger o elenco e assegurar a todos que, depois de tanto trabalho, eles teriam a oportunidade de desempenhar uma peça da qual se orgulhassem. E de me proteger do estresse desnecessário."

"Mas a menina ainda ficaria com raiva de você", ponderou Maria.

Janete me defendeu: "É possível, mas provavelmente ela também ficaria com raiva de si mesma. Depois do choque inicial, poderia pensar: 'Estou muito desapontada... Eu queria mesmo aquele papel... Se eu tivesse decorado a minha fala e não ficasse enrolando... Da próxima vez que eu estiver numa peça serei mais séria, vou me preparar melhor'. Ou seja: depois de refletir sobre o que lhe tinha acontecido, a esperança é que Ana crescesse com a experiência".

"Talvez você tenha razão", suspirou Maria, "mas, não sei. Estou tendo problemas com o Márcio e me sinto dividida. Meu marido acredita que, quando os filhos fazem algo errado, devem ser castigados. Mas eu não gosto de castigar, mesmo que meus pais tenham nos castigado quando éramos pequenos."

"Márcio está lhe dando problemas?", perguntou César incrédulo. "Não pode ser ele. Ele é ótimo. Quando ele veio com vocês na véspera do início das aulas, me ajudou a guardar meus livros e a arrumar minha classe."

"Eu sei, ele é um bom menino", concordou Maria. "Mas fez uma coisa errada. Outro dia ele pegou sua régua e começou uma briga de espada de brincadeira no corredor com o Jaime, um coleguinha de classe. Meu marido sempre diz para o Márcio não agir por impulso, para pensar antes de agir, mas o Márcio nunca ouve, e como resultado fui chamada pelo professor e depois pelo diretor."

"Só por ficar correndo?", perguntou César.

"Foi mais sério. Os óculos do Jaime quebraram. Márcio, sem querer, pisou neles. Então, os pais do Jaime chamaram meu marido. Eles ficaram muito bravos por causa dos óculos. Disseram que eram novos e caros e que era culpa do Márcio por ter começado a brincadeira."

"Bem, isso é outro caso", comentou César. "Se meu filho fizesse isso, eu também o puniria... Então, o que você acha disso, Janete?"

"Acho", ponderou Janete, "que é mais importante questionar o que o Márcio pensaria se fosse castigado. E o que ele pensaria se seus pais tentassem usar uma opção ao castigo."

Conversamos muito depois disso, tentando imaginar o que ocorreria em cada situação. Nas duas páginas seguintes, você verá a essência do que imaginamos, os diálogos possíveis se os pais do Márcio o punissem ou não.

"Bem, tenho de admitir que existe uma leve diferença entre as duas abordagens", comentou César.

"Uma leve diferença?" exclamou Janete. "No primeiro diálogo, em que o Márcio é punido, ele sente raiva e desamparo."

"E no segundo diálogo", acrescentei, "o Márcio recebe a forte desaprovação dos pais, mas também se espera que ele se retrate e tente reparar a situação. E ele sente que é uma boa pessoa, pois, mesmo que tenha feito algo errado, pode encontrar uma forma de fazer o bem!"

César voltou-se para Maria: "Então, o que você vai fazer?". Ele a desafiou: "Toda essa conversa a ajudou a se definir?"

Maria olhou solenemente para ele: "Sei o que vou dizer hoje ao meu marido", respondeu baixinho: "E sei o que nós dois diremos ao Márcio".

Lembretes

Alternativas ao castigo em casa e na escola

CRIANÇA: (xingamentos) Não consigo fazer este exercício de matemática!

ADULTO: Eu já o avisei muitas vezes para não falar palavrão. Agora você vai receber um castigo!

Em vez de ameaçar, você pode...

1. TENTAR AJUDAR.
"Vejo que você está frustrado. Seria bom se você pudesse expressar sua frustração sem usar palavrões."

2. EXPRESSAR SUA DESAPROVAÇÃO COM VEEMÊNCIA (SEM ATACAR O CARÁTER).
"Este tipo de linguagem me incomoda."

3. EXPOR SUAS EXPECTATIVAS.
"Espero que você encontre outro modo de me mostrar que está com raiva."

4. MOSTRAR AO ALUNO COMO SE CORRIGIR.
"Eu gostaria de ouvir várias palavras fortes, sem ser palavrão, que você poderia usar em vez das que falou. Use o dicionário se precisar."

5. OFERECER UMA OPÇÃO DE ESCOLHA.
"Você pode xingar – só no seu pensamento – ou pode usar palavras que não ofendam ninguém."

6. DEIXAR O ALUNO VIVENCIAR AS CONSEQÜÊNCIAS DE SEU COMPORTAMENTO.
"Quando ouço palavrões, perco toda vontade de ajudar – tanto em matemática como em qualquer outra coisa."

Perguntas e histórias de pais e professores

Perguntas dos pais

1. **Meu marido acredita que, se nossos filhos vão mal em uma matéria, devem receber menos mesada. Eu acho que eles devem receber algum acréscimo se tirarem notas boas. Recompensá-los não seria uma forma mais positiva de fazê-los se esforçar mais?**

   Por mais estranho que possa parecer, estudos demonstram que tanto a recompensa como o castigo, em longo prazo, na verdade, reduzem o desejo de aprender. As crianças aprendem melhor quando querem dominar um assunto. Uma criança que tira uma boa nota já recebeu sua recompensa. Tudo que ela pode querer de seus pais é o reconhecimento de seu prazer pela sua conquista. Uma criança que recebe uma nota baixa já teve sua experiência punitiva. O que ela precisa é de pais que tenham empatia por seus sentimentos de desânimo e que, em seguida, a ajudem a descobrir o que deu errado e o que fazer a respeito.

2. **Sempre que minha filha Regina volta da escola chateada, sei que é porque a professora a mandou para o canto para "dar um tempo".[8] Uma noite eu estava com raiva de meu marido e Regina disse: "Pai, acho melhor você ir para o canto e 'dar um tempo'". Fiquei surpresa porque não uso esse método com ela em casa. Agora estou me questionando se ele deve ser utilizado na escola. O que você acha?**

   "Dar um tempo" soa amistoso e inocente. Afinal, a criança não ouve gritos nem apanha. Ela é apenas brecada e removida da cena.

---

8. Em inglês, *time out*, que significa afastar ou privar a criança do convívio social por mau comportamento.

Mas, mesmo que algumas autoridades na área da pedagogia infantil recomendem enfaticamente esse método, a Associação Norte-Americana para a Educação de Crianças inclui esse "tempo" em sua lista de medidas disciplinares prejudiciais, como punição física, críticas, acusações e humilhações.

Não é difícil perceber o porquê. Como adulto, você pode imaginar quão ressentido e humilhado se sentiria se alguém o forçasse ao isolamento por algo que você tenha dito ou feito. Porém, pode ser mais difícil imaginar o que se passa dentro de uma criança que foi mandada ficar um "tempo" no canto. Mesmo assim, tente. Coloque-se no lugar de uma criança de 4 ou 5 anos. Imagine que você está com tanta raiva de um colega de sua classe (que a empurrou, xingou ou pegou algo seu) que, para se vingar, você o chutou, bateu ou ameaçou atirar-lhe algo. Agora, imagine duas reações diferentes à sua ação anti-social, por parte de sua professora.

Na primeira cena, a professora diz:

"Pare com isso! Isso não é bonito. Você vai para o canto dar um tempo – agora mesmo!"

Enquanto você anda vagarosamente para lá, é provável que você pense: "A professora não é justa. Ela não viu o que ele me fez. É tudo culpa dele". Ou: "Talvez eu seja mau mesmo. Tão mau que eu preciso ser afastado".

No segundo cenário, a professora lhe diz:

"Você ficou tão bravo com o Jorge que o chutou. Não pode chutar. Diga com palavras ao Jorge do que você não gosta... Isso você pode fazer!"

É provável que dessa vez você pense: "Minha professora entende por que eu estava brava com Jorge. Ela não me deixa chutá-lo, mas acha que eu posso dizer-lhe o que sinto com palavras. Talvez eu possa!"

Esses são dois conjuntos bem diferentes de mensagens. O primeiro convence a criança de que há algo tão errado com ela que ela precisa ser removida da sociedade; o segundo ensina-lhe como lidar com a sociedade. De modo assertivo e não violento.

Isso significa que nunca se deve separar uma criança do grupo? Alguns professores acreditam que toda sala de aula deva ter um refúgio onde uma criança possa se isolar em momentos de estresse. Esse "lugar para pausa" ou "canto do sossego" pode ser equipado com alguns livros, papel, lápis de cor e almofadas para socar ou para se deitar. É importante que a criança não seja ordenada a ir para lá. O professor poderia oferecer-lhe uma opção de escolha, para que ela possa decidir se quer ir ou não: "Vejo que você ainda está brava com o Jorge. Você quer me contar mais sobre isso ou quer usar lápis de cor e papel no 'canto do sossego' para desenhar o que você está sentindo?"

3. **Para alguém como eu, impulsiva, não dar uma surra no meu filho mas mandar-lhe "dar um tempo" é um grande avanço. O que mais posso fazer quando sinto que vou perder o controle?**

Uma mãe relatou que dá a si mesma "um tempo" quando ela está quase explodindo. Ela disse: "Quando vi meu filho riscando distraidamente a mesa da sala de jantar com a ponta de seu compasso novo, eu agarrei o compasso e disse: "Estou com tanta raiva do que vejo que vou para meu quarto me acalmar!"

Mais tarde, quando estava mais tranqüila, ela mostrou a seu filho como consertar o estrago.

Quando o dr. Haim Ginott foi desafiado por um pai que perguntou o que ele faria se fosse enfrentado até o limite, ele literalmente se esticou para cima, mirou num pequeno ofensor imaginário, levantou a mão direita e, em um gesto ameaçador, berrou: "Estou tão bravo, estou quase batendo!... Então, salve-se quem puder!!"

4. **A professora de meu filho reteve todos os meninos na escola depois das aulas porque o segurança contou que alguns de**

seus alunos estavam fumando no banheiro. Como resultado, meu filho perdeu o treino de basquete e ficou muito chateado. Ele acha que castigo em grupo é injusto. O que vocês pensam? Não é difícil entender a objeção de seu filho à punição em grupo. Os alunos inocentes se ressentem profundamente e podem concluir: "Por que me preocupar em seguir as regras se sou punido da mesma forma?" Os culpados podem concluir: "Não fui pego dessa vez. Talvez eu consiga me livrar de novo". Se o objetivo do professor é ajudar seus alunos a se tornar autodisciplinados, então o castigo em grupo – ou individual – não é a solução.

5. **Minha escola é a favor de punição corporal e a lei estadual ainda a permite.**[9] **Vários pais, inclusive eu, estamos preocupados porque dar umas palmadas ou surras é prejudicial; no entanto, não sabemos se é possível ir à justiça contra punição física em nossa escola. Onde podemos encontrar apoio para nosso ponto de vista?**
Vocês não estão sozinhos em suas preocupações. Inúmeras organizações são a favor de tornar ilegal a punição corporal nas escolas e estão se mobilizando com o objetivo de incluir os Estados Unidos na lista de países que aboliram o castigo corporal.

Entre os muitos países que não permitem que os professores batam nos alunos estão, por exemplo, Inglaterra, Polônia, Itália, Rússia, China, França, Alemanha, Espanha, Países Escandinavos, Israel, Turquia, Japão e Brasil.

História dos pais

Este primeiro relato é da mãe de Mônica, de 9 anos.

---

9. Em alguns estados dos Estados Unidos é permitida a punição física nas escolas, praticada pelos professores e pelo diretor.

Uma tarde cheguei do trabalho mais cedo porque não me sentia bem. Imaginem meu choque quando ouvi risadas de crianças vindas do quarto de minha filha. Subi correndo e lá estavam Mônica e sua amiga Andréia. Elas pararam de rir assim que me viram e se olharam com culpa. Eu tive trabalho para conseguir que elas falassem, mas finalmente admitiram que vieram para casa almoçar e não retornaram à escola.

Eu disse: "Vocês afirmaram que cabularam aulas".

Andréia: "Mas não foi de propósito. Nós estávamos conversando e nos esquecemos de ver as horas."

Eu disse à Andréia que seria melhor ela ir para casa porque eu precisava conversar com Mônica em particular. Quando sua amiga saiu, disse para Mônica, bem baixo: "Você não se esqueceu de olhar as horas".

Mônica abaixou a cabeça e admitiu: "Nós só estávamos experimentando para ver como a gente se sentiria não voltando para a escola".

Naquele momento eu não sabia o que fazer. Pensei em puni-la – dizendo-lhe que não poderia convidar a Andréia todo o mês seguinte. Mas em vez disso, disse: "Estou chateada com tudo isso. Quando você deve estar na escola, é lá que eu espero que você esteja. Agora, provavelmente serei chamada por sua professora".

Mônica sugeriu: "Escreva um bilhete dizendo que eu tive que faltar. Diga que eu estava doente e você não será chamada".

Eu respondi: "Mônica, o bilhete tem de vir de você e precisa dizer a verdade".

Bem, ela não ficou muito contente com isso, mas escreveu um bilhete (com uma pequena ajuda minha) dizendo que ela só estava experimentando "não voltar para as aulas do período da tarde" e que não repetiria isso.

Depois me senti bem. Fui firme, não me descontrolei e, embora a professora lhe tenha dado uma bronca pelo bilhete, eu ainda senti ter feito o que era certo. Ajudei Mônica a assumir responsabilidade e enfrentar as conseqüências de seus atos.

* * *

A próxima história é de pais de uma aluna de colegial.

Minha filha de 16 anos, Carol, me disse que estava estudando desenvolvimento infantil em sua aula de economia doméstica, e um dia a professora perguntou: "O que vocês acham que aconteceria a uma criança se ela nunca fosse punida? Quando Carol contou à classe que ela nunca apanhara ou fora castigada por seus pais, os outros alunos olharam para ela boquiabertos. Uma das meninas disse: "Mas... mas... você é boa!"

Acho que eles não conseguiam acreditar que alguém pudesse se tornar "bom" sem ter sido punido. Suponho que, se as crianças forem criadas com surras e castigos, seja difícil compreender que, quando os pais confiam nos filhos e falam respeitosamente, eles acabam sendo pessoas muito "boas" e responsáveis. Para mim, a Carol é a prova disso.

Semana passada meu marido e eu saímos e quando voltamos encontramos um bilhete dela em nosso travesseiro. Dizia:

Queridos mamãe e papai,
Hoje, quando manobrava o carro, bati na árvore e amassei o pára-lama.
Anexo o primeiro pagamento para cobrir o custo do conserto. Todo mês vou pagar uma quantia semelhante, até pagar tudo. Sinto muito, mesmo! Foi um acidente.

Com amor,
Carol.

Devo admitir que no início ficamos com um pouco de raiva, mas depois que nos acalmamos, nos orgulhamos dela.

* * *

A experiência a seguir foi relatada por um pai.

O diretor convocou uma reunião com todos os pais para discutir o aumento alarmante do uso de drogas nas escolas do bairro. Os profissionais de saúde mental apresentaram um relatório, muito bom mesmo, mas a história que realmente nos atingiu foi a de uma aluna expulsa do colegial, que tinha acabado de participar de um programa de reabilitação de drogas. Ela nos falou sobre seu pai alcoólatra, que nunca estava disponível para ela; sobre sua mãe, que se casou novamente e parou de lhe dar atenção; seus problemas na escola; quando recorreu às drogas e finalmente foi viver na rua e seu terror de contrair AIDS, como já havia acontecido com algumas de suas amigas.

No final de seu relato, ela olhou em torno da sala e pediu:

> Eu só posso dizer a vocês que, por favor, ouçam seus filhos. Eu realmente acho que, se minha mãe tivesse me ouvido mais, em vez de me castigar, eu poderia ter sido capaz de ouvi-la. Mas, em vez disso, eu só ficava com raiva de sempre ficar de castigo e a desafiava escapando pela janela do meu quarto. Se ela tivesse sido mais minha amiga e uma mãe menos punitiva, poderia ter sido diferente. Tudo que uma criança tem é sua família. No final, ela é quem se importa com você. Vocês, pais, deveriam ouvir mais e julgar menos, para que nós possamos conversar melhor com vocês."

Perguntas dos professores

1. **Lecionei em várias escolas e presenciei todos os tipos de práticas punitivas, desde o sarcasmo e a ridicularizarão até ameaças de detenção ou suspensão. Alguns professores privam as crianças do que elas mais apreciam: esporte, música, viagens etc. Outros usam uma abordagem mais física: dão tapas, be-**

liscam ou puxam o cabelo. De todas essas práticas, qual vocês consideram mais prejudicial?

Em seu livro *Reading, writing, and the hickory stick*, o dr. Irwin Hyman afirma que todas essas práticas punitivas podem deixar seqüelas na criança em longo prazo. Sua pesquisa mostra que uma má experiência pode causar uma série de sintomas pós-traumáticos: a criança pode perder o interesse pelo estudo, parar de fazer lição de casa, começar a se comportar de modo agressivo. Pode experimentar sentimentos de ansiedade ou depressão, ou a perda da confiança em adultos. Algumas crianças apresentam enurese (incontinência urinária), roem as unhas, gaguejam ou têm dores de cabeça ou de estômago. Outras têm pesadelos ou dificuldade de adormecer ou permanecer dormindo. Embora possa não apresentar todos esses sintomas, nenhuma criança deveria sofrer qualquer um deles. Nossas crianças têm o direito – se não pela Constituição, então por uma lei maior – de serem tratadas de modo humano e carinhoso por aqueles que reivindicam o privilégio de educá-las.

2. Eu ainda não aceito a idéia de que não haja situações que exijam castigo. Que tal um briguento no pátio que agarra os óculos de um menino da primeira série, o faz chorar e ri zombeteiramente? Uma criança que se comporta de forma tão cruel não merece uns tapas?

Ele precisa ser impedido e redirecionado. Essa criança não precisa de mais uma demonstração de como as pessoas maiores e mais fortes conseguem ferir pessoas mais fracas. Provavelmente, o briguento sabe disso muito bem, pela própria experiência. Se quisermos ensinar bondade, precisamos usar métodos que sejam bondosos. Uma criança que é cruel com outra precisa experimentar a força de suas convicções, não a dor de uma palmatória. Precisa ouvir um firme: "Não gosto do que vejo! Ninguém pode ser provocado até chorar – nunca!" Ele tem de ouvir suas expectativas em relação a ele: "Espero bondade de você... E você pode começar agora mesmo – devolvendo os óculos". O respeito pelos colegas só pode ser ensinado por meio de atitudes que expressem o respeito pelo outro.

3. Você está sugerindo que qualquer aluno pode ser transformado quando o professor se relaciona com ele por meio de atitudes que mostrem respeito pelo outro?

Adoraria que fosse assim! É triste dizer que há algumas crianças que foram tão brutalizadas que não têm capacidade de reagir ao tratamento carinhoso. O curto dia escolar não consegue curar os danos que elas vêm sofrendo há tanto tempo. O melhor que os professores podem fazer é proteger os outros alunos e a si mesmos dessas crianças fora de controle. No entanto, é importante usar métodos firmes, mas respeitosos, com esses jovens agressivos para não lhes aumentar a raiva ainda mais. Na pior das hipóteses, todos estarão mais seguros e nenhum dano maior terá sido provocado.

4. Quando estava de plantão no refeitório, duas meninas começaram uma briga. O segurança queria levá-las à diretoria, mas eu lhe disse que eu mesma lidaria com o problema. Cada uma tentou apresentar seu lado da história. Recusei-me a ouvi-las e as adverti de que, se isso acontecesse de novo, eu pessoalmente as levaria ao diretor. Agora começo a encarar de outro modo. Como eu poderia ter lidado com essa situação?

Você poderia ouvir cada uma delas contar sua versão e então refletir sobre seus pontos de vista: "Então, Sandra, você ficou com raiva da Rosa porque... E você, Rosa, ficou furiosa porque pensou..." Ao reconhecer a raiva que ambas provavam, você as teria ajudado a dissipá-la.

Um diretor relatou que toda vez que dois alunos brigavam e eram levados até sua sala, ele usava um método que tinha aprendido com o falecido psicólogo dr. Haim Ginott. Ele pedia-lhes que se sentassem em lados opostos de sua mesa, lhes entregava um lápis e um bloco e pedia: "Quero saber exatamente o que aconteceu – por escrito".

Normalmente, um deles protestava: "Mas não foi minha culpa". O outro refutava com: "Ele me bateu primeiro". O diretor acenava e dizia: "Não se esqueça de escrever isso no seu relatório. Quero saber, com detalhes, como tudo começou, como se desenvolveu e o que cada um sentiu. E não se esqueçam de escrever suas sugestões de como agir em situações semelhantes no futuro!"

Depois que as crianças acabavam de escrever, ele lia os relatórios e respeitosamente reconhecia a experiência de cada uma delas. Então, ele pedia que compartilhassem suas sugestões e chegassem a um acordo.

Histórias dos professores

Esta história é de um professor de oitava série.

Cheguei à minha classe e peguei José fazendo um desenho bem trabalhado na contracapa de seu livro de matemática. Isso aconteceu um dia após eu ter dado um sermão sobre não danificar nada que pertencesse à escola.

Normalmente, eu o teria tirado de seu lugar e gritado: "Chega! Vá para a diretoria!" Em vez disso, fui até sua carteira e fiquei ali parado. José fechou o livro, tentando esconder seu desenho. Eu disse: "Deixe-me repetir o que eu disse ontem. Fico bravo quando vejo que escrevem nos livros. Esses livros terão de ser usados nos próximos anos e espero que meus alunos cuidem deles".

"Desculpe", sussurrou José. "Esqueci."

"Sei", respondi e voltei para minha mesa. Quando retornei pouco depois à carteira do José, ele estava cuidadosamente tentando apagar o desenho com uma borracha bem gasta. Entreguei-lhe a minha e disse: "Tome, esta borracha pode ajudar. E você pode usar este bloquinho quando tiver vontade de desenhar". José ficou surpreso e respondeu: "Obrigado!" Eu retruquei: "Por nada." E continuei minha aula.

Já se passou um mês e desde então ele não riscou mais seu livro. Ele guardou o bloquinho no bolso da camisa e de vez em quando me mostra seus desenhos. Fico feliz de não tê-lo mandado ao diretor naquele dia. Poderia até tê-lo impedido de riscar seus livros, mas não teríamos o relacionamento que temos atualmente. E, quem sabe, eu posso ter encorajado um novo Picasso.

* * *

Uma orientadora educacional relatou como conseguiu ajudar um aluno a evitar um castigo de seu professor ao aceitar os sentimentos dele e lhe oferecer uma opção de escolha.

Fui a uma sala de terceira série buscar três alunos que fariam uma prova substitutiva. Dois deles logo se levantaram para me acompanhar. Caio ficou sentado, cabisbaixo, parecendo sentir raiva. O professor da classe disse: "Caio, dona Gilda está aqui. Ela está esperando. [Nenhuma resposta]. Bem, estou vendo que o Caio não quer cooperar hoje. [Ainda nenhuma resposta]. Caio, se você quiser ir ao passeio amanhã, é melhor você sair com a dona Gilda agora." Caio se abaixou ainda mais. Fui até seu lugar, agachei-me perto dele e sussurrei: "Você não quer vir hoje".

Caio (com raiva): Não quero ficar perto do Jorge!

Eu: Bem, eu consigo pensar em duas possibilidades: você pode vir comigo e eu deixarei Jorge o mais longe possível... ou posso lhe dar a prova agora, aqui mesmo na classe.

Ele ficou quieto um longo tempo. Então se levantou e veio comigo. Fiquei tão contente de ter sido capaz de pensar em opções que lhe dessem uma saída honrosa!

* * *

A história seguinte nos foi relatada por uma assistente social que trabalhava em uma escola.

Sérgio tinha 7 anos. Um menino encantador e inteligente numa classe para crianças com dificuldades emocionais e comportamentais. Ele tinha um desempenho escolar fraco e nenhum encorajamento, como estrelinhas douradas ou selinhos, chegava a arranhar suas defesas. Ele desviava o olhar de quem queria ajudá-lo, levantava os ombros ao ser perguntado qual era o problema e em casa se esquivava do carinho da mãe. Ele também tinha medo altura. Nada de escorregadores ou trepa-trepa para ele. A história fornecida pela família revelava que os primeiros recursos disciplinares na escola incluíram a palmatória na primeira série por desatenção e uma régua em seus ombros e socos na segunda série por mau comportamento. Sua mãe, com a intenção de cooperar com a escola, tinha dado permissão à professora, na presença de Sérgio, para lidar com ele da forma que ela considerasse melhor.

Encorajei os pais a falar sobre essas questões com o Sérgio, em conversas informais. Eles ficaram surpresos, depois de uma ou duas conversas, ao descobrirem que ele se recordava claramente de cada experiência de ser castigado com a palmatória ou ter apanhado com uma régua. De repente, ele desabafou com a mãe sua primeira expressão de raiva reprimida quando bateu seus punhos no joelho dela: "Mas mãe, você disse a ela que podia me bater! Você disse!"

A mãe ficou atônita. Ela explicou que nunca quis que alguém o ferisse. No final da conversa, ela e Sérgio se abraçaram carinhosamente pela primeira vez em mais de um ano.

No dia seguinte, o menino e o pai estavam jogando bola fora de casa e a bola ficou presa no telhado. O pai pegou a escada para ir buscar a bola, mas Sérgio disse de repente: "Não! Deixe que eu pego". Ele conseguiu pegar a escada e recuperou a bola, obviamente superfeliz com ele mesmo. Correu para casa, abraçou a mãe e gritou triunfantemente: "Mãe, desde que contei a você o meu segredo, consigo fazer qualquer coisa!"

É desnecessário dizer que seu rendimento escolar melhorou consideravelmente desde então.

4
Resolvendo problemas juntos: seis passos que desenvolvem a criatividade e o comprometimento dos alunos

No último dia do meu primeiro ano como professora, Tatiana, uma falante crônica de voz alta, me disse: "Você foi muito boazinha conosco, nos deixou aprontar mesmo!"

Eu ri e respondi: "Por que você não me contou isso antes?"

Ela respondeu: "Eu estava me divertindo muito!"

Nós duas sorrimos enquanto ela passava pela porta, mas, assim que ela se foi, meu sorriso desapareceu. Será que Tatiana estava certa? Eu deixei que eles aprontassem tanto assim?

Talvez. Eu estava tão ansiosa em não ser punitiva, em agradar a todos, que não notei algumas coisas triviais – alunos interrompendo e humilhando um ao outro ou gritando no meio da sala. Por que estragar uma aula interessante dando importância a pequenas transgressões? Mas Tatiana me alertou para o fato de ter tirado vantagem do meu desejo de ser "boazinha". E, provavelmente, ela não era a única.

Resolvi ser mais firme no ano seguinte: estabelecer regras no primeiro dia de aula e cumpri-las com rigor. Após algumas semanas percebi que estava amolecendo novamente. Por exemplo, minha idéia de boa discussão é de uma animada troca, em que um pensamento impulsiona outro. Se no calor da discussão um aluno interrompe outro, não me parece que tenha cometido um pecado. Se alguém discorda do que ouviu e, com certo desprezo, diz "Isso é bobagem", eu deixo passar. Porém, com as interrupções e humilhações aumentando, nossas discussões rapidamente transformavam-se em grandes brigas.

Mesmo assim, eu não queria diminuir o entusiasmo com broncas e advertências. Talvez eu fosse ingênua, mas minha expectativa era de que um dia eles percebessem que deveriam começar a ser mais civilizados. A única a perceber fui eu. Aqueles alunos não mudariam a menos que seu professor mudasse. Eles precisavam de um adulto para lhes ensinar algumas habilidades sociais básicas e para insistir que as usassem. Mas como eu deveria agir?

Pensei no capítulo sobre resolver problemas do *Como falar para seu filho ouvir e como ouvir para seu filho falar*. A teoria diz que, quando pais e filhos examinam problemas e elaboram soluções juntos, provavelmente as crianças se empenham para que essas soluções funcionem.

Uma idéia interessante. Estudei o processo para resolver problemas passo a passo e escrevi uma adaptação para usar em classe.

- Prestar atenção aos sentimentos e às necessidades dos meus alunos.
- Resumir o ponto de vista deles.
- Dizer como me sinto e contar minhas necessidades.
- Convidar a classe para pensar comigo para encontrar uma solução.
- Anotar todas as idéias – sem avaliá-las.
- Escolher juntos as melhores propostas e montar um plano para colocá-las em prática.

Enquanto eu revia esses seis passos, me senti momentaneamente alarmada. Será que eu realmente poderia conduzir a classe por esse longo e complicado processo? Talvez não fosse tão difícil quanto parecia. "Basicamente", disse a mim mesma, "trata-se de os alunos expressarem seus sentimentos, eu os meus, e depois trabalharmos juntos para encontrar soluções." Certamente, valia a pena tentar. Os quadrinhos a seguir ilustram os pontos importantes que aconteceram na primeira vez que tentei resolver problemas com meus alunos.

PARA RESOLVER PROBLEMAS

DÊ INFORMAÇÃO

Ocorreram mudanças importantes em decorrência daquela aula de resolução de problemas. O número de interrupções caiu muito. Os poucos alunos que continuavam a interromper surpreendiam-se dizendo "Opa" ou "Desculpe", e educadamente esperavam sua vez. Porém, o resultado mais gratificante para mim foi a forma respeitosa com que os alunos começaram a ouvir um ao outro. Os que falavam sem pensar "Isso é bobagem!" recebiam a reprovação da turma. Geralmente, o ofensor dava um sorriso sem-graça, olhava para o cartaz e lia "Eu não vejo desse jeito". Todos riam e, embora fosse uma frase decorada, as novas palavras mudavam o tom da discussão. O melhor de tudo é que eu não precisava me preocupar em ser o "policial repressor". Meus alunos encarregavam-se de monitorar uns aos outros e a si mesmos.

Eu estava tão orgulhosa do novo autocontrole e da maior sensibilidade deles que na reunião com os pais decidi falar sobre o processo. Compartilhei com os pais meus objetivos para o período. Então, indicando o cartaz "Fale com respeito", descrevi o problema que a classe tivera e o processo usado para resolvê-lo.

Os pais mostraram-se interessados. Surgiram muitos comentários e perguntas:

"Estou vindo de um *workshop* de treinamento gerencial e as habilidades para resolução de conflitos que nos ensinaram se parecem muito com o que você está descrevendo."

"Parece o tipo de coisa que você pode utilizar em casa com seus filhos."

"Nunca tive paciência de seguir todos esses passos com meus filhos."

"Suponha que a criança não esteja querendo pensar em soluções?"

"Ou que ela venha com uma idéia boba ou perigosa, o que você faz?"

"O que acontece se você concorda com o plano e os alunos não cumprem sua parte do acordo? E aí?"

Eles realmente queriam saber mais. Expliquei que não tinha experiência em usar esse método como mãe, mas que, se eles estivessem interessados, eu teria prazer em compartilhar o que descobrira como professora. Comecei explicando que, quanto mais eu utilizava o método de resolução de problemas, mais percebia como precisava focalizá-lo para que ele funcionasse. Eis os principais pontos que apresentei aos pais sobre o que aprendera com minhas tentativas e erros:

Não tente resolver um problema se estiver apressado ou agitado. Para atacar um problema difícil com sucesso, você precisa de tempo, tranqüilidade e calma.

O primeiro passo – ouvir o aluno até o fim – é o mais importante. Minha tendência era acelerar o começo para chegar logo à parte boa, ou seja, pensar no máximo de soluções possíveis:

ALUNO: Professora, tirei 3 no meu teste de história!

EU: Bem, o que você pode fazer para que isso não aconteça mais? Alguma idéia?

Já aprendi que os alunos não colaboram para encontrar soluções até que seus sentimentos sejam reconhecidos:

EU: Você está muito chateado com essa nota. Vamos rever suas respostas juntos. Talvez você possa me contar em que estava pensando.

Seja breve ao expressar seus sentimentos. Os alunos ouvem atentamente uma breve declaração de como me sinto, mas se desligam se eu continuo falando sobre minha preocupação, minha frustração ou meu ressentimento.

Resista ao impulso de avaliar as sugestões deles. Era muito difícil segurar meus comentários quando surgiam soluções completamente inviáveis. No dia em que disse: "É impossível fazermos isso", todo o processo de resolução de problemas chegou ao fim. Ninguém mais ofereceu qualquer solução. Se você quiser manter a criatividade solta, deve receber bem todas as idéias, mesmo as mais absurdas: "Certo, aquele que interromper vai ter a boca tapada por uma semana. Já escrevi. Que mais?"

Certifique-se de elaborar um plano para implementar a decisão final. Aprendi a não relaxar após conseguir uma excelente solução. A melhor das intenções pode dar em nada a menos que todos concordem com o método de pôr a solução em prática e decidam quem será responsável pelo quê.

Não desanime se o plano falhar. É fácil repreender os alunos por não cumprirem o próprio plano. Quando fiz isso, a classe ficou mal-humorada e hostil. Finalmente aprendi que o mais inteligente é marcar outra reunião e descobrir o que deu errado e como consertar o erro. Em outras palavras, uma sessão de resolução de problemas pode ser pouco. Voltando ao quadro de sugestões, você geralmente encontra as respostas perdidas na primeira vez.

No final do meu longo monólogo, o sinal tocou. Alguns pais foram se encontrar com outros professores e um pequeno grupo juntou-se em volta da minha mesa. Eles queriam conversar mais.

Um pai perguntou: "Você acha que esse método poderia ajudar com problemas de lição de casa?"

"Sua resposta sobre isso me interessa", comentou uma mãe, "porque, quando Lara chega da escola, eu fico ocupada com sua lição de casa."

Seu comentário me confundiu. "*Você* fica ocupada com a lição de casa *dela*?", perguntei.

"Não o tempo todo", respondeu, "mas não é dever dos pais ajudar com a lição?"

"Que tipo de ajuda?"

"Bem... quando Lara chega em casa, faço que ela me mostre suas tarefas, reviso com ela e a ajudo a se organizar. Hoje à tarde eu a levei à biblioteca e escolhemos alguns livros excelentes para o trabalho de história."

Fiquei horrorizada. Lara era uma estudante capaz. O objetivo da lição de casa era dar a ela e aos outros alunos a oportunidade de organizar o tempo, trabalhar com independência, exercer seu julgamento. Com o maior tato possível, disse: "Acho que a melhor forma de ajuda que podemos dar às crianças é a ajuda indireta: um lugar quieto para trabalhar, boa luz, um dicionário, lanche em caso de fome e estar disponível caso elas queiram perguntar alguma coisa".

A mãe de Lara me olhou desconfiada. Obviamente meu pequeno discurso não a convenceu. Tentei recordar o que meus pais faziam quando minha irmã e eu estávamos crescendo. A lição de casa era considerada um assunto da maior importância, uma prioridade. Tínhamos a rotina de toda noite, depois do jantar, limpar a mesa da cozinha, espalhar nossos livros e cadernos e fazer a lição. Não havia dúvidas se podíamos, devíamos ou precisávamos. Era simplesmente a "hora da lição".

Eu disse: "O que você acha de estabelecer uma rotina com Lara? Ela poderia estudar sozinha no quarto ou em outro lugar perto de você, e aos poucos você sai e deixa Lara assumir".

"Gostaria que fosse tão simples", respondeu um pouco irritada, "mas o fato é que ela não vai fazer a lição se eu não ficar atrás. Ela..."

"Por favor, não se ofenda", outra mãe interrompeu, "mas não acho que você está sendo justa com sua filha. Minha mãe era maníaca com minha lição de casa e ficava em cima de mim para ter certeza de que eu fazia tudo direito. Às vezes, ela fazia a lição por mim. Depois de um tempo, eu nem começava minha lição de casa se minha mãe não estivesse ali. Eu pensava que, enquanto ela fosse responsável por mim, eu não precisava ter responsabilidade. Por isso eu adoto uma política de 'não-intervenção' na lição de casa da minha filha."

A mãe de Lara parecia desnorteada. "Quer dizer que você nunca ajuda sua filha com a lição?"

"Se ela está com dificuldades, vou ouvir o que está acontecendo e tento dar um empurrãozinho. Mas, assim que ela recomeça, eu me despeço. Quero que ela saiba que é a única responsável pela lição de casa e que é capaz de fazê-la sozinha."

"Admitamos que ela seja capaz, mas e se não for?", persistiu a mãe de Lara.

Sem hesitar, ela respondeu: "Então procure ajuda externa – um professor particular – ou peça para ela chamar uma colega de classe. Qualquer coisa para evitar o que acontece quando os pais ficam em cima e se tornam obsessivos com a lição de casa do filho".

Um homem concordou, balançando a cabeça positivamente.

"Em que você está pensando?", perguntei a ele.

"No meu pai", respondeu. "Ele ficava louco por eu ter tanta dificuldade com matemática. Então decidiu me ensinar. Toda noite ele me fazia sentar com ele e ouvir suas longas explicações. Ele sempre começava pacientemente, mas, quando eu não entendia, ele ficava furioso e explicava tudo de novo – mais alto. Posso ter aprendido um pouco de matemática com ele, mas certamente não foi bom para o nosso relacionamento. É por isso que eu deixo claro para o meu filho, Caio, que a lição de casa é o trabalho dele, assim como eu tenho o meu."

Outro pai o desafiou. "Suponha que o Caio não veja dessa forma?"

"Pra falar a verdade, no ano passado eu tive um problema. Caio entrou no time de futebol e essa foi a coisa mais importante da vida dele. Foi quando recebi um recado do seu professor dizendo que ele não fazia a lição de casa."

"O que você disse a ele?", perguntou a mãe de Lara.

"Não disse nada. Marquei uma reunião com a professora, agradeci por ter me notificado e disse que, conhecendo Caio, seria mais fácil se ele recebesse uma carta dela do que uma bronca minha. Então dei a ela cinco cópias digitadas onde se lia:

Querido Caio,
As seguintes tarefas ainda não foram entregues:

Datas:
Por favor, me diga amanhã quando posso esperar por elas.

Cordialmente,

Entreguei também cinco envelopes endereçados e selados e afirmei que ficaria muito grato pela ajuda."

"E o que aconteceu?", perguntei.

"A primeira carta o surpreendeu, mas ele ignorou. Quando a segunda chegou e Caio percebeu que a professora estava falando sério, ele começou a trazer suas lições. E as tem feito desde então."

"Que beleza", exclamou a mãe de Lara com admiração, "você realmente resolveu essa!"

"É, funcionou bem, mas este ano tenho outro problema. Agora ele deixa a lição para o último minuto e fica acordado até tarde para fazê-la. Fico sempre insistindo para ele começar mais cedo e ele sempre tem uma desculpa: a irmã está incomodando ou ele está montando seu avião ou está vendo TV."

A mãe de Lara virou-se para mim. "Você estava nos falando sobre resolução de problemas. Você acha que esse método pode funcionar com Caio?"

"Pode ser."

"O que você faria?", perguntou seriamente o pai de Caio.

Todos olharam para mim. Pedi que ele descrevesse o que acontece normalmente quando ele insiste que seu filho comece a lição mais cedo. Então discutimos o que poderia acontecer se Caio e seu pai se sentassem para solucionar o problema juntos. Acompanhe nas histórias em quadrinhos das páginas seguintes as situações que imaginamos.

ESCREVA TODAS AS IDÉIAS SEM AVALIÁ-LAS

NOSSAS IDÉIAS

1. *PARAR DE PEGAR NO PÉ. (DANI)*

2. *FAZER TODA A LIÇÃO ASSIM QUE CHEGAR EM CASA. (PAI)*

3. *COLOCAR O BEBÊ PARA DORMIR MAIS CEDO E ENTÃO EU COMEÇO A LIÇÃO. (DANI)*

4. *DIVIDIR A LIÇÃO. FAZER A PARTE MAIS FÁCIL QUANDO CHEGAR EM CASA E A MAIS DIFÍCIL MAIS TARDE. (PAI)*

5. *MANTER A PATI LONGE DE MIM QUANDO ESTOU ESTUDANDO. (DANI)*

6. *FAZER UM HORÁRIO DE ESTUDO, DE BRINCADEIRAS E DE IR DORMIR QUE VOCÊ ACREDITA QUE PODE CUMPRIR. (PAI)*

Poucos dias após a reunião de pais recebi um telefonema do pai de Caio. Ele queria me contar o que aconteceu quando conversou com seu filho. "Foi bem próximo do que imaginamos. O único problema é a tabela de horário que ele planejou. Ele queria assistir duas horas de TV e ir para a cama às 23h. Eu disse que não estava bom. Então revimos seu horário e ajudei a alterá-lo. Finalmente concordamos que ele começaria sua lição de casa meia hora mais cedo, teria uma hora para TV e estaria na cama às 21h30 com as luzes acesas até às 22h."

Enquanto as semanas passavam, minha compreensão e avaliação do método de resolução de problemas aumentavam. Comecei a ver que os benefícios do processo em longo prazo eram muito maiores que as recompensas imediatas das tranqüilas rotinas na classe ou a resolução de problemas recorrentes em casa. Quando convidamos um aluno a juntar-se a nós para atacar um problema, transmitimos a ele um poderoso conjunto de mensagens:

"Eu acredito em você."

"Confio na sua habilidade de pensar com inteligência e criatividade."

"Eu valorizo suas contribuições."

"Vejo nosso relacionamento não como 'um adulto poderoso' exercendo autoridade sobre 'uma criança ignorante', mas como adulto e criança iguais, não em competência ou experiência, mas em dignidade."

A única certeza que temos é que sempre existirão problemas, hoje e no futuro. Ao ensinarmos os alunos a abordar um problema, mostrando-lhes como desdobrá-lo em partes mais simples, encorajando-os a usar a criatividade para resolvê-las, estaremos dando-lhes habilidades com as quais poderão contar por toda a vida.

Lembrete

Resolução de problemas em casa e na escola

1. PRESTE ATENÇÃO AOS SENTIMENTOS E ÀS NECESSIDADES DA CRIANÇA.

   ADULTO: Parece que você está chateado porque foi mal na prova de inglês.

   CRIANÇA: Estou mesmo! Eu só acertei 12 palavras em 20 e estudei uma hora ontem à noite!

2. RESUMA O PONTO DE VISTA DA CRIANÇA.

   ADULTO: Você parece bem chateado. Apesar do seu esforço para colocar todas essas palavras novas na cabeça, algumas se recusaram a ficar lá.

3. EXPONHA SEUS SENTIMENTOS E NECESSIDADES.

   ADULTO: Minha preocupação é que, se você não decorar o vocabulário básico, a situação ficará cada vez mais difícil para você.

4. CONVIDE A CRIANÇA A PENSAR COM VOCÊ.

   ADULTO: Acho que, se nós pensarmos juntos, poderemos ter alguma idéia e descobrir novas e efetivas maneiras de você estudar.

5. ANOTE TODAS AS IDÉIAS – SEM AVALIÁ-LAS.

   CRIANÇA: Desistir de inglês.

   ADULTO: Já escrevi. O que mais?

   CRIANÇA: Talvez eu pudesse...

6. JUNTOS, DECIDAM DE QUAIS IDÉIAS VOCÊS NÃO GOSTAM, DE QUAIS GOSTAM E COMO PLANEJAM COLOCÁ-LAS EM AÇÃO.

   ADULTO: O que você acha da idéia de fazer cartões com as palavras difíceis e estudar só quatro por dia?

   CRIANÇA: Tudo bem, mas, em vez de cartões, prefiro gravar as palavras numa fita e ouvi-las até aprender.

Perguntas e histórias de pais e professores

Perguntas dos pais

1. **Percebi que você começa a resolução de problemas ouvindo o ponto de vista da criança. Seria errado inverter a ordem e o adulto expressar primeiro sua preocupação?**

   Isso pode funcionar. Entretanto, algumas crianças tornam-se defensivas e se fecham quando os adultos começam a expressar sua irritação. É muito mais fácil para as crianças entenderem e se interessarem pelo ponto de vista do adulto *após ele ter demonstrado interesse verdadeiro e aceitado os sentimentos delas.*

2. **Comecei a resolução de problemas com meus filhos com a melhor das intenções, mas, quando cheguei à parte de expressar meus sentimentos, achei difícil não culpá-los e acusá-los. Alguma sugestão?**

   Uma forma de evitar culpa é fugir do *você* acusatório. *"Você nunca... Você sempre... O problema com você é..."* Substitua *você* por *eu.* Por exemplo, *"É isso que eu sinto. Eu fico triste quando... Eu gostaria que..."*. Quando as crianças não são atacadas, elas podem ouvir seus sentimentos sem ficar na defensiva.

3. **Algumas vezes, notei que, quando começo a refletir junto com meus filhos, eles me acusam. Por exemplo, eu sugeri: "Talvez eu faça assim ou assado" e eles retrucaram: "Não, você não vai fazer. Lembra da última vez..." e de repente nos desviamos para uma longa discussão sobre o que tinha acontecido naquela ocasião. Como evitar isso?**

   Se começarem a acusá-la, você pode retomar a conversa com "Não vamos culpar um ao outro pelo que aconteceu. Precisamos é pensar numa solução para o futuro".

4. **Vivo uma situação que não pode ser combatida com a resolução de problemas. É rara a semana em que um ou outro dos meus três filhos adotivos não me contam que alguém na escola os intimidou, xingou ou riu deles por causa do tênis, do corte do cabelo ou de seus olhos puxados. Digo-lhes para ignorarem essa idiotice. Que mais posso fazer?**

Uma ofensa nunca deve ser ignorada. Uma criança ferida precisa saber que alguém pode entender sua dor. Ela precisa de um adulto para reconhecer como pode ser assustador ou profundamente dolorido ser atacado – tanto física como emocionalmente, qualquer que seja o motivo.

Após ser empático com ela, você pode conseguir o apoio de outras crianças. Numa reunião de família, ataquem o problema juntos. Cada um pode discutir alguma ou todas as seguintes questões:

- Você já passou por alguma situação parecida com o que aconteceu com o Kim? Qual foi sua reação?

- O que você faz quando alguém zomba de você? Você finge que não ouve? Muda de assunto? Concorda? Usa o humor? ("Sim, é um corte de cabelo tipo cuia. É mais fácil de parar na cabeça.")

- O que você pode fazer se for ameaçado fisicamente? Pedir ajuda? Gritar: "Olhe atrás de você!" e sair correndo? Dizer ao valentão que você tem uma doença contagiosa, fatal? Aprender karatê?

- Quem são os adultos que podem ajudá-lo a pôr um fim nas chateações ou intimidações? O professor? O diretor? Seus pais adotivos? Os pais do valentão?

Depois que você escrever todas as soluções surgidas na discussão, as crianças podem praticar revezando-se na dramatização de cenas em que uma intimida a outra ou zomba. No final da sessão de resolução de problemas em grupo, todas as crianças se sentirão mais fortalecidas – como indivíduos e como família.

Histórias dos pais

A primeira história é de uma mãe que utilizou o método de resolução de problemas como forma de aliviar a pressão sobre ela e ajudar suas filhas a se tornarem mais responsáveis.

No ano passado, minhas três filhas (de 6, 8 e 12 anos) me atormentaram tanto com a necessidade de terem de usar as roupas "certas", os tênis "certos" e o material "certo" no novo ano escolar que eu me deixei levar e gastei mais do que podia.

Este ano, quando as primeiras propagandas de volta às aulas apareceram, decidi encabeçar uma campanha própria. Convoquei uma reunião familiar e lhes pedi para escrever todas as coisas consideradas absolutamente necessárias para o novo ano. (Nós também fizemos a "lista dos desejos" com as coisas que elas gostariam de comprar se a família ganhasse na loteria.) Então lhes falei, com todas as letras, de minha necessidade de exercer certa restrição financeira para que pudéssemos continuar usufruindo as coisas básicas da vida – como comer bem todos os dias e ter uma casa onde morar.

Primeiro as meninas protestaram, mas logo começaram a surgir todos os tipos de sugestão: de "Nós vamos fazer biscoitos e vender aos vizinhos" até "Nós poderíamos fazer nossas roupas, mas você vai precisar comprar uma máquina de costura". No final, a idéia que mais as atraiu partiu de Jessica, de 12 anos. "Dá o dinheiro para cada uma e a gente se vira." Ela até se prontificou a ajudar as irmãs com seus orçamentos.

Eu concordei, apesar de ter dúvidas. Não tenho certeza se a menor entendeu bem todas as implicações da solução, mas já tinha surtido efeito em Jessica. Quando a ajudava a comprar uma malha e apontei para uma linda azul na prateleira, ela foi direto na etiqueta de preço e exclamou: "Mamãe, não acredito. É muito cara!

* * *

Nesta próxima história uma mãe conta como lidou com a ansiedade de sua filha de 3 anos.

Todas as outras mães deixavam seus filhos na pré-escola com um alegre tchau, mas Aline ficava histérica sempre que eu começava a me mover em direção à porta. Ela corria atrás de mim, se pendurava no meu braço e chorava muito. Comecei a ficar desesperada. Já fazia três semanas e ela não mostrava sinal de melhora.

Certa manhã decidi tentar o método de resolução de problemas. Após o café sentei-a no meu colo e disse: "Aline, você realmente quer que eu fique com você na pré-escola, e (repare: eu disse *e*, não *mas*) hoje eu preciso sair e dar um recado. O que nós podemos fazer?"

Ela me lançou um olhar vazio. Eu perguntei: "Quer levar seu ursinho com você?" Ela fez que não com a cabeça. "E aquele meu lenço?" Ela negou novamente e enterrou seu rosto no meu ombro. "Você fica", respondeu ela. Depois de um minuto: "Pode ir, mas me dê mil abraços".

De repente, tive uma inspiração. Peguei sua mão, beijei a palma e a fechei. E disse: "Agora você tem meu beijo. Depressa, guarde-o no bolso, e sempre que sentir minha falta, você o pega e recebe um beijo da mamãe. O que você acha disso?"

Seu rosto se iluminou. Ela mostrou seu "beijo" no fundo do bolso e naquela manhã, pela primeira vez, me deixou sair em paz.

* * *

A próxima história foi relatada pelo pai de um adolescente de 14 anos que estava sendo pressionado pela sua turma a beber.

Meu filho José sabe o que penso sobre consumo de drogas e álcool. Sempre tentei esclarecê-lo com informações – não com táticas assustadoras. Recentemente ouvi rumores sobre alguns garotos que estariam indo a determinada casa depois da aula, quando os pais não estavam, para beber. Enquanto levava José ao treino de basquete, contei-lhe o que tinha ouvido e perguntei se era verdade. Ele me olhou com dificuldade, mas não respondeu.

"Você já bebeu?", perguntei.

"Uma cerveja, uma vez", respondeu.

Antes que eu dissesse algo, ele explodiu: "Pai, eu bebi! Todos gozam de você se você não bebe".

Quis retrucar: "Então, se todos rirem de você por não pular de um viaduto, você pularia?", mas eu perguntei: "Então você está sendo pressionado pela sua turma?"

"Pode crer!", respondeu. "Você devia ouvir como eles chamam os garotos que não bebem."

Disse-lhe que compreendia o que ele estava passando e acrescentei: "Você conhece minha opinião sobre o consumo de drogas e álcool. Mesmo que fosse legal beber na sua idade, eu faria objeção. Sei que você não gosta que eu o 'controle', mas o que tenho observado sobre jovens e adultos que bebem é que às vezes a bebida acaba controlando-os".

"O que você quer que eu faça?", reagiu José agressivamente. "Digo alguma coisa besta do tipo 'Não preciso disto: minha vida é ótima'?"

"É esse o problema? Como dizer *não* e continuar parte do grupo?", perguntei.

José deu de ombros, mas eu sabia que era isso. Durante o resto do trajeto conversamos sobre o que ele poderia dizer para recusar a bebida diplomaticamente. A que ele achou menos "careta" foi: "Obrigado, talvez mais tarde". E, se pressionado, culpar a severidade dos pais: "Você não conhece o meu pai. Ele me mata se sentir cheiro de bebida no meu hálito. Vou ficar enterrado o resto da vida!"

José riu desta e me disse um grande "Obrigado, pai" quando eu o deixei no treino.

Perguntas dos professores

1. É necessário passar por todas as etapas do processo de resolução de problemas para que ele funcione?

Não necessariamente. Uma professora contou como João, um sério e esforçado estudante de 9 anos, ficava bravo quando as outras crianças do seu grupo de ciências brincavam ou paravam de trabalhar – mesmo que por poucos minutos. Um dia ele perdeu o controle e atirou livros e papéis no chão. A professora achou que isso merecia a abordagem completa de resolução de problemas.

Ela sentou-se com ele e começou com "João, percebo que você fica irritado quando as outras crianças do seu grupo ficam brincando. Quando você começa o projeto, você não gosta de interrupções".

Quase imediatamente ele respondeu: "É, porque eu quero acabar e eles me fazem esquecer o que estou fazendo". Então, depois de uma pequena pausa, ele se levantou e disse: "Posso ir para a mesa do fundo e trabalhar sozinho quando eles fizerem bagunça?"

A professora ficou surpresa e perguntou: "Você acha que isso o ajudaria?" Ele confirmou com um gesto e acrescentou: "Assim eu não vou ficar com raiva e jogar tudo no chão". E, desde então, foi assim que João passou a lidar com o problema.

2. Uma das minhas alunas, Carolina, nunca se lembra de trazer seus livros para a escola. Tentei usar o método com ela, mas não resolveu. Ela simplesmente riu e achou ridículo. Alguma sugestão?

Se o aluno resiste a seu esforço em resolver o problema, um bilhete baseado nos mesmos princípios pode servir como um substituto eficaz. Por exemplo, você poderia escrever:

Querida Carolina,
Você me disse que é difícil se lembrar de trazer seus livros para a escola e que às vezes você "simplesmente esquece".
Preciso que todos os meus alunos tenham seus livros com eles todos os dias *para que possam fazer seus trabalhos.*
Por favor, pense num modo de lembrar-se de trazer seus livros toda manhã. Eu também pensarei. Depois vamos trocar idéias e ver qual você quer colocar em prática.

Sinceramente,
Prof.

3. **Quando professor e aluno pensam em possíveis soluções juntos, é realmente necessário escrevê-las? Não basta simplesmente falar?**

Algumas vezes basta. Porém, não subestime a onda de orgulho e prazer que brota no aluno ao ver suas idéias levadas tão a sério a ponto de serem escritas pelo professor. A visão de suas palavras no papel não apenas lhes permite apreciar seu processo de pensamento como os inspira a continuar pensando criativamente.

4. **Na semana passada, quando eu aplicava o processo de resolução de problemas com uma aluna que se atrasava sempre, vínhamos tendo progresso até chegarmos à parte de pensarmos juntas. Assim que ofereci duas excelentes sugestões, ela imediatamente se retraiu. O que deu errado?**

É sempre boa idéia esperar um pouco. Deixe que a criança apresente primeiro as idéias. Seu silêncio é um convite, uma indicação de respeito, um modo de dizer que os pensamentos precisam de tempo para se formar e crescer. Quando o adulto vai muito rápido – mesmo com as melhores sugestões – a criança freqüentemente se sente menos capaz de gerar uma excelente sugestão por si só.

5. **Estou preocupada com a crescente onda de violência na minha escola – motivada às vezes por algo tão trivial quanto um olhar atravessado. Já que as habilidades para a resolução de problemas parecem eficazes quando as usamos com os alunos, por que não lhes ensinamos essas habilidades para que as usem entre si?**

Você ficará satisfeita em saber que existem programas desse tipo em andamento, em que crianças da pré-escola ao colegial recebem treinamento em habilidades para resolução de conflitos. Cada vez mais os educadores estão convencidos de que aprender a lidar com desavenças e resolvê-las pacificamente é uma matéria tão importante quanto matemática ou história. Nas escolas em que esses programas são implantados, os professores têm relatado:

"O que eu gosto nesses programas é que os alunos apagam os próprios incêndios. E isso me deixa livre para ensinar."

"Adoro ver garotos da quarta ou quinta série com o crachá de 'Técnico em conflito'. Desde que instituímos os treinamentos, o refeitório, as classes e os pátios tornaram-se lugares muito mais pacíficos."

"É fantástico notar como, após 15 horas de curso, alguns dos piores alunos da escola se transformam nos melhores mediadores. Acho que eles se dão melhor do que nós com os alunos que aprontam, porque falam a mesma língua."

Todos parecem concordar que os jovens que dominam as habilidades de escutar o outro com respeito e ver um conflito como um problema a ser resolvido, em vez de uma batalha a ser ganha, são a nossa melhor esperança de um mundo em paz.

Histórias dos professores

Esta primeira história ilustra como a abordagem de resolução de problemas ajudou um professor a chegar à raiz da questão.

Cláudia é uma ótima aluna de 12 anos, exceto quando se trata de matemática. Então ela vira uma criancinha reclamona e chorona, que não faz nada sozinha. É pura ansiedade!

Durante o ano tentei todas as estratégias que conhecia para lhe dar confiança. Pensei em colocá-la em aulas de reforço para que recebesse mais ajuda, mas suas notas altas não justificavam. Terminei por ignorá-la. O resultado? Ela parou de estudar completamente. Em desespero, decidi seguir a rota de resolução de problemas. Veja o que aconteceu:

EU: Cláudia, sei quanto você fica preocupada com matemática.

CLÁUDIA: É mesmo. Odeio essa matéria.

EU: Por que algumas partes parecem muito difíceis?

CLÁUDIA: É... eu erro.

EU: E isso a irrita.

CLÁUDIA: É, porque você fica brava comigo. Ano passado, o outro professor gritou comigo por ser burra e errar tanto.

Fiquei atônita.

EU: É por isso que você fica preocupada? Acha que eu vou gritar também?

CLÁUDIA: (com lágrima nos olhos) É.

EU: (pegando suas mãos) Cláudia, você não precisa ficar chateada por cometer muitos erros. Isso acontece também com todos os bons estudantes. Erros podem ser úteis. Desagradáveis, mas úteis.

CLÁUDIA: Úteis?

EU: Sim, porque eles lhe dizem o que você ainda precisa aprender. Além disso, algumas vezes o erro pode levar a uma descoberta. Veja o que Colombo descobriu com seu erro.

CLÁUDIA: (com um grande sorriso) A América!... Então você não vai ficar brava se eu der a resposta errada?

EU: Não, Cláudia. Só quero que você faça seu trabalho de matemática sem se preocupar tanto em acertar.

CLÁUDIA: Talvez eu devesse tentar achar a resposta sozinha... mas e se eu não conseguir?

EU: Eu a ajudarei. E, se eu estiver ocupada, talvez sua amiga Lúcia possa ajudar.

Nas semanas seguintes vi Cláudia dedicando-se mais e mais. Ela perguntou se podia sentar-se perto da Lúcia. Elas não comparavam as respostas até Cláudia terminar os exercícios. O que a ajudou a superar o problema foi não só se sentar perto da amiga como saber que errar não era uma catástrofe.

* * *

Este relato foi enviado por uma professora que leciona numa escola de educação especial. Ela contou: "Muitos dos meus alunos são vítimas de violência física ou mental. Eles chegam à escola como bombas prontas a explodir. Não passa um período sem que haja uma briga. Um diz: 'Você é bobo' ou 'É a mãe', ou chuta alguém sob a carteira e lá se vai minha aula".

Apesar de suas dúvidas, ela decidiu tentar o programa de resolução de problemas para ver o que poderia acontecer. Eis aqui trechos de seu relato:

Decidi que, se o primeiro passo para a resolução de problemas era descobrir como os alunos realmente se sentiam sobre brigas, eu deveria começar perguntando o que era bom nas brigas. Aqui está a lista que desenvolvemos:

O que é bom numa briga

1. Revidar!! (definitivamente o mais popular)
2. Colocar alguém em apuro.
3. Pegar alguém que o persegue.
4. Insultar é bom.
5. Eles não vão mexer com você de novo.
6. Você está com vontade de brigar.
7. Eles começaram.
8. A aula está chata. (contribuição da professora)
9. Deixar alguém irritado.
10. Uma brincadeira violenta é legal.

Eles estavam bem à vontade enquanto trabalhávamos nessa lista. Então perguntei: "O que é ruim numa briga?" Ficaram sérios. E responderam:

O que é ruim numa briga

1. Depois da briga, você se sente mal se ele é seu amigo.
2. Você pode arranjar problema – com a mãe, professor, diretor.
3. Deixa a professora de mau humor. (contribuição da professora)
4. Você pode machucar alguém.
5. Você pode ser suspenso.
6. Você não vai aprender. (contribuição da professora)
7. Pode começar uma briga pior.
8. Você pode se machucar – ser espancado, arranhado, mordido, olho roxo.

Então passamos a trabalhar na tentativa de encontrar soluções. Pensei duas vezes antes de anotar algumas das sugestões, mas me lembrei que era importante não rejeitar nenhuma das idéias propostas.

Soluções possíveis

1. Pedir para sair e esfriar a cabeça.
2. Bater nele.
3. Ir embora.
4. Brincar de massinha (ou amassar argila).
5. Cumprimentar, aperto de mão.
6. Descontar a raiva em uma almofada ou quebrar um galho de árvore.
7. Chamar a mãe.
8. Deixá-los brigar sozinhos na quadra.
9. Contar ao professor.
10. Trocar de lugar.
11. Dizer para ele deixar você em paz.
12. Mandar para a diretoria.
13. Mandar copiar cem vezes alguma frase.
14. Mandar lamber o chão.
15. Todos baterem uma vez no brigão.
16. Dar figurinhas para quem seguir as regras.
17. Escrever algo significativo para ele.
18. Dizer algo gentil para ele se sentir embaraçado.

Após listarmos todas as sugestões, comentei algumas. Por exemplo, disse que não permitiria que brigassem, porque não queria que um machucasse o outro. Lamber o chão não me parecia muito higiênico. Todos tinham fortes opiniões sobre o resto da lista, cada um preferindo diferentes soluções. Depois de mais discussões e sugestões, concordamos que cada aluno deveria copiar no seu caderno as soluções que faziam mais sentido para ele.

No final da reunião, escrevemos no quadro as regras com as quais todos nós concordamos:

1. NÃO INSULTAR.
2. NÃO XINGAR.

3. NÃO PERTURBAR O OUTRO A MENOS QUE ELE O ESTEJA CHATEANDO.
4. NÃO BATER NEM ATIRAR OBJETOS.
5. USAR AS PRÓPRIAS SOLUÇÕES!!!

Eis os resultados daquele dia:

- Luís, que tem o pavio mais curto, sai da classe várias vezes por semana. Ele fica parado na porta para não perder nada. Pouco depois, ele entra e senta no fundo da sala. Após alguns minutos, ele se junta à classe.

- De vez em quando, um aluno diz inesperadamente: "Carlos, troca comigo!" e trocam de lugar. (Carlos aceita de bom grado a troca.)

- Duas vezes um aluno foi amassar argila.

- Uma vez Diana sugeriu: "Dê argila para ele socar!"

- Quando um aluno insulta o outro, a classe diz: "Regra número um". Também dizem: "Manda ele ler a regra!" e o ofensor vai ler a regra.

- Também decidiram que não insultariam nem a lata de lixo. (Uma vez Dario falou "Filho da mãe" para a lata de lixo e Luís achou que fosse para ele; isso foi o estopim da briga, então a classe adicionou a nova regra sobre xingar objetos.)

Gostaria de dizer que colocar todo esse processo em ação foi algo natural para mim. Mas não foi assim. Exigiu esforço, concentração e muito mais tempo do que eu queria gastar. Seria muito mais fácil classificar essas crianças como "incorrigíveis" ou "irremediáveis". Porém, tratando-as como "solucionadores de problemas", foi o que vieram a se tornar.

5

Elogio que não humilha, crítica que não fere

"Por favor, sente-se. Temos muito que conversar."

Eu me mexi inquieta na cadeira em frente à mesa do diretor.

"Dona Elisa, como estou certo de que sabe, durante os três primeiros anos de ensino, você está em período condicional." (Meu coração disparou. "Condicional"? Isso não é para criminosos convictos?)

"Em cada um desses três anos você passará no mínimo por três avaliações. Essa é a sua primeira. Quero que saiba que acredito que você tem muito potencial... *mas* você terá de se esforçar para ter direito à estabilidade. Agora é o momento de aprender com seus erros. Analisemos sua aula de segunda-feira para descobrir o que deu errado."

Abrindo o arquivo, ele retirou uma pasta com uma enorme etiqueta escrita em vermelho EM EXPERIÊNCIA. Então ele se reclinou na cadeira e, com os óculos na ponta do nariz, folheou as numerosas anotações que havia feito enquanto observava minha aula. "Vejamos... Eu creio que o objetivo de sua aula era ensinar os alunos a escrever uma carta, estou certo?"

"Sim, sr. Esteves." (Aonde ele queria chegar?)

151

"Você disse aos alunos que tinha um livro com os nomes e endereços de celebridades para que pudessem escrever para o artista que quisessem. Esse foi seu primeiro erro. Assim que você lhes falou da possibilidade de contatar uma celebridade, eles pararam de ouvi-la e começaram a conversar. Você os perdeu. Em vez de focalizar o modelo de escrita da carta, eles ficaram discutindo sobre celebridades. Sugiro que nas próximas vezes você confira os nossos parâmetros curriculares. Se você seguir essas diretrizes com seus alunos, eles estarão mais preparados para o exame escrito no fim do ano. Enquanto você estiver empregada neste estabelecimento, você terá de ensinar conforme os parâmetros escritos."

Eu tentei me defender. "Eu pensei que, se eu criasse um pouco de entusiasmo para escrever cartas..."

"Isso nos leva a meu próximo assunto. O entusiasmo dos alunos foi expresso de várias formas inadequadas. Durante sua aula de meia hora, três bilhetes foram passados, os alunos fizeram ruídos com a boca, uma carteira foi socada e um aluno saiu de sua carteira para falar com o colega. Você sabia que toda essa atividade estava ocorrendo no fundo da sala?"

"Bem, sim... mas as crianças estavam somente um pouco animadas, sr. Esteves."

Ele se inclinou para a frente. "Dona Elisa, nós temos padrões específicos de conduta em sala de aula. Talvez você não saiba com que rapidez o problema pode agravar-se. Os alunos dessa idade são muito instáveis. Se não forem mantidos na linha, a situação pode facilmente sair do controle. Mesmo se trabalharmos com essa idéia de cartas para celebridades, é possível melhorar. Sugiro que você mantenha o foco de sua aula na forma correta de escrever uma carta e gaste menos tempo discutindo quais celebridades seus alunos admiram."

A secretária falou pelo interfone: "Senhor, o diretor está na linha agora. O senhor gostaria de receber a chamada ou devo pegar o recado?"

O sr. Esteves olhou as horas. "É melhor eu atender", respondeu, enquanto folheava mais anotações. "Bem, eu tenho vários outros pontos para discutir com você, mas talvez já tenha o suficiente com que trabalhar por enquanto. Eu sugiro que você assista às aulas da sra. Hilda. Ela é uma boa professora. Você pode ouvir um alfinete cair no chão. Vamos marcar outro encontro para amanhã, a fim de que possamos aparar as arestas."

De volta a minha classe vazia, fechei a porta e distraidamente folheei a pilha de papéis sobre a mesa. Meus olhos ficaram marejados. Ele não gostou de nada da minha aula? É verdade que os alunos estavam um pouco barulhentos, mas eu preferia que eles estivessem entusiasmados com o assunto que parados na carteira parecendo estar em coma. Eu queria que eles se importassem com o que escrevessem, quer fosse para uma celebridade, um amigo ou alguém no Congresso. O que eles escreviam não era tão importante como a forma com que escreviam? Olhei novamente para a pilha de cartas a corrigir e peguei minha caneta vermelha, mas a soltei. Eu não tinha vontade de corrigir aquela lição. Nem vontade de ensinar. Nem mesmo vontade de voltar a pisar em uma sala de aula.

Ouvi alguém bater à porta. Era Maria, e segurava uma pasta cheia de desenhos dos alunos. "Desculpe interrompê-la, disse animada, mas posso pegar seu grampeador emprestado?"

"Claro."

"Você está bem?", perguntou Maria olhando para mim.

"Eu só tive uma tarde difícil. Não sei... Estou começando a pensar que eu deveria ter ido para o comércio em vez de ensinar..."

"Como você pode dizer isso? Você é uma ótima professora! Uma das melhores! Eu acho você é fora de série!"

Virei-me para Maria. Ela sorria para mim, esperando que eu retribuísse o sorriso. Consegui murmurar: "Obrigada, Maria", e lhe entreguei o grampeador.

Logo depois que ela saiu entrou Janete. "Parece que você levou um soco no estômago", comentou ela.

Pensei em ter uma postura "profissional" e não sobrecarregar Janete com meus problemas. Mas, ao olhar para ela, despejei toda a história.

Janete ouviu e balançou a cabeça em sinal de compreensão.

"E ainda por cima", acrescentei chorosa, "ele disse que eu era animada demais, que eu não conseguia controlar minha classe e que eu devia assistir às aulas da sra. Hilda para ver como uma boa professora ensina."

"Sra. Hilda?", zombou Janete.

"Ele disse que se pode ouvir um alfinete caindo no chão na sala dela."

"É porque as crianças dormem."

"Janete, não brinque. Ele acabou comigo."

"Eu sei, eu sei. Eu só estou louca da vida por você ter de se submeter à idéia distorcida do que é uma crítica construtiva."

"A Maria acabou de sair", comentei. "Ela é tão boazinha. Ela tentou me fazer sentir melhor. Disse-me que eu era uma professora maravilhosa."

"Mas você não acreditou nela."

"Eu queria, mas quando ela disse isso, só consegui pensar nas vezes em que não fui tão maravilhosa assim."

"É isso", suspirou Janete. "A crítica consegue arrasar com você. E os elogios como 'Você é ótima... maravilhosa... incrível' são demais para serem tolerados."

"Eu sei. Eu queria dizer para Maria que ela estava enganada sobre mim."

"Porque é difícil aceitar um elogio tão extravagante. Você já reparou como nós nos sentimos mal quando somos avaliados? Sei que no minuto que alguém me diz que sou 'boa' ou 'bonita' ou 'inteligente', só consigo pensar nas vezes que fui má ou me senti feia ou fiz algo besta."

"É o que acabou de acontecer! Quando Maria insistiu que eu era 'a melhor', pensei em segunda-feira passada, quando cheguei à escola cansada, mal preparada e apavorada com a idéia de o diretor fazer uma visita surpresa."

Janete riu alto: "Ela tinha boas intenções. As pessoas sempre têm boas intenções quando elogiam. Só não sabem como fazê-lo".

"O que há para saber?"

"Que, em vez de avaliar o que alguém fez, você precisa descrevê-lo."

"Descrever?"

"É. Você precisa descrever em detalhe exatamente o que a pessoa fez."

"Não captei. Dê um exemplo."

Janete olhava fixamente para mim. "Tudo bem", disse ela. "Elisa, pediram que você ensinasse como escrever uma carta formal e você poderia ter dado uma aula convencional. Mas você sabia que os alunos geralmente não se interessam por cabeçalhos, saudações e endereços. Então, você pensou um pouco no assunto e encontrou uma forma de motivar que acendeu a imaginação dos seus alunos e os fez escrever com entusiasmo, com objetivos e da forma correta."

Eu me endireitei na cadeira. "Foi exatamente isso que eu fiz!", exclamei. "Poderia ter sido uma aula chata, mas eu consegui que as crianças se interessassem e se envolvessem. E eles aprenderam mesmo como escrever uma carta formal... Sabe o quê?", exclamei, "Não me importa o que os outros digam. Foi uma aula muito boa!"

"Ah!", fez Janete triunfante. "Olhe o que aconteceu! Eu só descrevi o que você fez e você, reconhecendo a verdade de minhas palavras, conferiu o crédito a si mesma."

Maria voltou com o grampeador e se desculpou por nos interromper.

"Maria", pedi, "não vá embora. Você tem de ouvir o que a Janete me disse sobre o elogio. Quero saber o que você pensa. Janete, por favor, repita."

Janete concordou. Contou à Maria que as crianças têm dificuldade em aceitar elogios que as avaliam: "Dizer a uma criança 'Você é tão organizada' geralmente leva a 'nem tanto'. Mas o tipo de elogio que uma criança consegue absorver e que realmente constrói a auto-estima é feito em duas partes: primeiro, o adulto descreve o que a criança fez ('Vejo que você está pronto para a escola amanhã. Você acabou sua lição, apontou seus lápis, pôs os livros na mochila e até fez seu lanche'). Segundo, a criança, depois de ouvir suas realizações descritas, elogia a si mesma ('Eu sei organizar e fazer planos')".

Maria parecia aborrecida: "Não entendo, o que eu sei é que o jeito como fui criada não foi bom. Meus pais acreditavam que não deviam dizer coisas boas às crianças diretamente porque elas poderiam ficar convencidas. Mas eu penso que as crianças devem receber elogios. Ajuda-as a se orgulhar. Eu sempre digo ao Márcio e à Ana quanto eles são bons e inteligentes".

Com muita delicadeza, Janete comentou: "Então você gostaria que seus filhos tivessem o que você nunca teve".

Maria pensou e concordou: "Mas talvez eu exagere. Quando digo ao Márcio como ele é inteligente, ele diz: 'O Rafael é mais'. Quando digo a Ana que violonista ótima ela é, ela retruca: 'Mãe, pare de se gabar de mim!'"

"É isso que estou tentando mostrar", disse Janete. "As crianças se sentem muito mal com o elogio que as avalia. Elas o rejeitam. Às vezes se comportam mal de propósito para provar que você está errada."

Maria olhou fixamente para ela. "Puxa vida!", exclamou. "Agora entendo o que aconteceu ontem, na aula do professor Pedro, quando eu estava ajudando..."

"Como assim?", perguntei.

"Aquele menino, Breno, que enlouquece todo mundo, finalmente sentou-se e terminou seu trabalho. Então lhe dei uns tapinhas no ombro e disse que ele era um bom menino. Pensei que o encorajaria a comportar-se, mas não foi o que aconteceu. Ele revirou os olhos, pôs a língua para fora e caiu da cadeira. Eu não consegui entender."

Fiquei confusa. "E agora, você consegue?"

"Bem, de acordo com o que a Janete nos revelou, Breno tinha mesmo de fazer pouco de meu elogio, que o deixou bem nervoso. Ele não poderia aceitá-lo. Precisava me mostrar que não era bom de verdade."

"Mas ele foi bom", protestei. "Naquele momento."

"Então, a Maria poderia ter descrito o momento", comentou Janete.

"Sim", concordou Maria. "Talvez eu devesse ter-lhe dito..."

Esse foi o início de uma conversa longa e animada. Descrever as realizações dos alunos, em vez de avaliá-las com um rápido "bom" ou "ótimo", mostrou-se mais árduo do que pensávamos. Não porque fosse difícil descrever, mas porque estávamos desacostumadas a fazê-lo. No entanto, quando pegamos o jeito de olhar cuidadosamente a realização da criança e colocar em palavras o que víamos ou sentíamos, nós o fizemos várias vezes e com menos dificuldade e cada vez com mais prazer. Nas próximas duas páginas você encontrará alguns dos exemplos que elaboramos, mostrando como pais e professores podem usar o elogio descritivo.

O ELOGIO DESCRITIVO EM CASA

O ELOGIO DESCRITIVO NA SALA DE AULA

Quando estudamos os exemplos que elaboramos, nos surgiram muitas novas idéias.

EU: O elogio descritivo dá trabalho, não? Se você disser a uma criança o que você vê ou sente, então tem de olhar realmente e prestar atenção. É muito mais fácil dizer: "Que lindo!" ou "Maravilhoso!" ou "Incrível!" Nem é preciso pensar para elogiar desse modo.

JANETE: É verdade. O elogio descritivo é mais difícil e leva mais tempo, mas veja as vantagens para a criança.

MARIA: Eu entendo o que você diz, mas se a criança sempre foi criticada e nunca ouviu elogio, não seria melhor ouvir "Você é um bom menino", em vez de nada?

JANETE: Se uma criança estiver esfomeada, até algodão-doce é melhor que nada. Mas por que se contentar com tão pouco? Queremos dar a nossas crianças o tipo de nutrição emocional que as torne independentes, queremos que pensem e atuem criativamente. Se nós as treinarmos para buscar constantemente a aprovação dos outros, que mensagem lhes estaremos transmitindo?

EU: Que você não pode confiar em si próprio, que precisa da opinião dos outros para avaliar seu desempenho.

MARIA: E essa não é uma boa mensagem, não é verdade?

JANETE: Não, porque queremos que as crianças confiem nos próprios julgamentos, que acreditem que são capazes de dizer a si mesmas se estão ou não contentes com o que realizaram. E que corrijam ou façam ajustes baseados na avaliação pessoal.

Naquela noite estava ansiosa para ler e corrigir as cartas que meus alunos tinham escrito. A primeira foi uma agradável surpresa. Em vez de "Muito bem", escrevi: "É um prazer ler. Frases claras e exemplos reais de como Ronaldinho afetou sua vida". A segunda redação também não me desapontou. Escrevi: "Uma exploração inteligente dos problemas dos desabrigados. Penso que o Presidente achará sua proposta original e muito interessante".

Senti-me orgulhosa com o alto nível das redações de meus alunos e assumi o crédito por tê-los inspirado (você está enganado, sr. Esteves). A redação seguinte parecia ter sido escrita por um aluno de segundo ano. Era a carta da Melissa para a Xuxa e ela mal preenchia meia página. Peguei minha caneta vermelha e escrevi: "Trabalho fraco. Sem endereço. Onde está a data? Erros ortográficos. Conteúdo mal desenvolvido".

Reli meus comentários, escritos em vermelho e que expressavam raiva, e pensei: "Como pude fazer isso com a Melissa?" Esse é o tipo de crítica que o sr. Esteves me atirou... Parei no meio do caminho. Não era difícil elogiar o que se gostou, mas como se critica o que está errado sem desmoralizar a pessoa criticada? Haveria uma maneira de o sr. Esteves expressar seu descontentamento sem me desencorajar completamente?

Olhei pela janela. Talvez, se ele tivesse começado com uma apreciação sobre o que eu havia realizado. Por pouco que fosse, eu poderia ter ouvido o que o incomodou sem desmoronar. Talvez, se ele tivesse dito algo como: "Elisa, você atingiu seus objetivos. Você motivou seus alunos a escrever uma carta. Uma coisa que eu acho que ainda precisa ser trabalhada é como gerar entusiasmo pelo assunto e, mesmo assim, manter a ordem". Se ele tivesse dito isso, eu poderia tê-lo ouvido. Além disso, eu teria pensado seriamente em como impedir que a animação das crianças ficasse fora de controle nas próximas vezes.

Talvez essa fosse a forma de ajudar as crianças a progredir. Em vez de focalizar o que está errado, comece a reconhecer o que a criança realizou. Então, indique o que ainda precisa ser feito.

Muito bem, agora o que escrevo na redação de Melissa? Ela não realizou nada. Ou será que sim? Olhei de novo e descobri.

Apaguei o que tinha escrito. Então, cuidadosamente escrevi meus novos comentários: "Gostei da sua frase 'Você é minha favorita das favoritas'. Acho que a Xuxa também vai gostar. Também acho que ela gostaria de ver um exemplo do que exatamente você admira nela. Por favor, releia sua redação para verificar se todas as palavras sublinhadas estão escritas corretamente e se você incluiu a data e o endereço. Espero em breve ler sua carta revisada".

Parece que eu tinha chegado a um princípio importante. Sim, todos nós, professores, alunos e pais, podemos nos beneficiar de ter outra pessoa com um ponto de vista objetivo nos dizendo como podemos melhorar. Mas antes mesmo que possamos levar em conta se é possível mudar, precisamos acreditar que fazemos mais coisas certas que erradas e que temos a capacidade de consertar o que está errado.

Para ajudar a visualizar como essa teoria poderia ser aplicada em outras situações, pensei em dois exemplos possíveis, um em casa, outro na escola.

UMA ALTERNATIVA À CRÍTICA

EM CASA

NA ESCOLA

Nas semanas seguintes, refleti muito sobre elogios e críticas. A "crítica construtiva" do sr. Esteves me deixou ferida e desencorajada. O elogio exagerado de Maria não tinha me convencido e não afirmou meu valor. Mas a simples descrição de Janete do que eu tinha tentado realizar me satisfez, restabeleceu minha autoconfiança e me deu o ímpeto de melhorar da próxima vez.

Que processo simples e incrível! Suponho que o que a Janete fez por mim é o que todos nós deveríamos fazer uns pelos outros à medida que nos esforçamos para enfrentar os desafios da vida.

- Os professores precisam sentir-se apoiados quando lutam para atender às necessidades de seus alunos.
- Os pais precisam sentir-se apoiados quando lutam com as dificuldades diárias de educar seus filhos.
- As crianças precisam sentir-se apoiadas quando tentam compreender o mundo e encontrar seu lugar nele.

No meu mundo perfeito, todos nós estaríamos juntos, um segurando o espelho para o outro, para que nos sentíssemos admirados e valorizados por nossos esforços e realizações.

Lembrete

Elogios que ajudam, respostas construtivas em casa e na escola

> CRIANÇA: Fiz um poema sobre o trem. Diga-me se está bom.
>
> ADULTO: Lindo! Você é um grande poeta.

Em vez de avaliar, você pode:

1. DESCREVER O QUE VÊ OU OUVE.
   "Você colocou no poema o som do trem em movimento!"

2. DESCREVER O QUE SENTE.
   "A gente tem a sensação de estar dentro do trem!"

* * *

> ADULTO: Veja essas palavras escritas errado! Você pode fazer melhor que isso.

Em vez de criticar, você pode:

3. DESCREVER O QUE JÁ FOI FEITO E O QUE AINDA FALTA FAZER
   "Você já melhorou a letra; se você deixar mais espaço entre as palavras ficará ainda melhor."

Perguntas e histórias dos pais e professores

Perguntas dos pais

1. **Meu filho é uma criança formidável e eu sempre o elogio. Mas ontem ele me disse: "Mãe, você repara demais em mim". Existe algo como elogio excessivo?**

   A reação de seu filho não é incomum. A maioria das crianças sente-se desconfortável ao ouvir um comentário constante sobre seu comportamento, mesmo quando todos os comentários são positivos. Eles se sentem como se estivessem sob vigilância contínua. Outras crianças têm uma reação bem diferente. Elas se acostumam tanto a ouvir uma palavra de apreciação sobre tudo que fazem que se sentem perdidas sem eles e se tornam menos autoconfiantes.

   Outras percebem o elogio constante como uma ordem sutil, não verbalizada, para que elas atuem de acordo com os desejos e padrões de seus pais. Freqüentemente, essas crianças concluem: "Tenho de renunciar a pensar no que quero e em como eu prefiro fazer e pensar no que eles querem que eu faça. Não posso confiar em mim. É melhor que eu confie neles".

2. **Minha filha estava fazendo uma maquete de uma casa do período colonial e perguntou minha opinião. Respondi-lhe que eu achava que sua professora lhe daria dez. Isso está certo?**

   Sempre que houver escolha entre dirigir a atenção de seu filho para a aprovação dos outros ou chamar sua atenção para a tarefa, escolha a tarefa. Você pode dizer à sua filha: "Você pegou uma caixa de papelão usada e pouco a pouco a está transformando numa casa colonial. Vejo um tear e um moinho e... como você conseguiu fazer esse pequeno livro de histórias parecer tão perfeito?"

A aprendizagem mais valiosa é a que ocorre quando as crianças se envolvem profundamente no que fazem, não quando se preocupam em como os outros vão julgá-las.

3. Meu filho finalmente trouxe para casa um boletim com notas excelentes. Eu lhe disse que tinha orgulho dele. Isso é correto?

Toda vez que você não tiver certeza se seu elogio é construtivo ou não, você pode se fazer a seguinte pergunta-chave: "Minhas palavras tornam meu filho mais dependente de mim e de minha aprovação ou o ajudam a ver suas capacidades e lhe dão uma imagem mais nítida de suas habilidades e realizações?" Observe a diferença entre as seguintes afirmações:

Elogio que cria dependência da aprovação dos outros	Elogio que dá à criança um reconhecimento de suas habilidades e realizações
"Um boletim perfeito. Tenho tanto orgulho de você!"	"Essas notas ótimas representam determinação e horas de esforço. Você deve estar orgulhoso."
"Está fazendo a lição? Boa menina!"	"É preciso autodisciplina para fazer a lição quando se está cansada."
"Você é uma pessoa muito generosa."	"Quando você viu que o Hélio esqueceu o sanduíche, você dividiu o seu com ele."

Repare como os comentários da primeira coluna põem os pais no controle. São eles que têm o poder de fazer ou não o elogio. As declarações da segunda coluna põem o filho em contato com as próprias capacidades e lhes permitem elogiar a si mesmos.

4. Você nunca pode dizer à criança diretamente que ela é "respeitosa" ou "honesta" ou "criativa"?

Qualquer tipo de aprovação pode ser agradável no momento. Mas, se quiser que essas palavras sejam internalizadas de forma duradoura pelas crianças, você precisa acompanhá-las de uma descrição. Por exemplo:

"Você sabia que eu ficaria preocupada se você não estivesse em casa quando eu voltasse do trabalho, então deixou um bilhete com o número do telefone onde eu poderia encontrá-lo. Isso é ter respeito."

"Você me contou o que aconteceu hoje na escola, mesmo sabendo que eu poderia ficar brava. Gostei da sua honestidade."

"Que colagem criativa! Ela tem corda e macarrão; botões e franjas feitas de papel."

Em cada caso você aponta a ocasião na qual a criança foi considerada honesta ou criativa. Não há pressão para que ela seja sempre assim.

5. **Tenho duas filhas. A mais nova é uma ótima aluna, mas a mais velha luta para ficar na média. Quando as duas me mostram seus boletins ao mesmo tempo, eu tento evitar elogiar a menor para que a maior não se sinta mal. Estou fazendo o que é certo?**

Sua reação às realizações de uma filha não deveria ter nada que ver com o que a outra realizou ou não. Cada filho precisa ser apoiado por suas conquistas individuais. Sua filha mais nova tem direito a passar um tempo exclusivo com você para que ela possa lhe contar o orgulho por suas habilidades escolares e tê-las reconhecidas por você. Sua filha mais velha também tem o direito de passar um tempo exclusivo com você para mostrar-lhe o boletim e para que você possa expressar sua satisfação ou insatisfação com o trabalho escolar e dar-lhe apoio por seus esforços. Nenhuma delas deveria receber menos devido aos talentos da outra.

Histórias dos pais

Esta experiência foi relatada por uma mãe que descobriu sozinha como o elogio que faz uma apreciação inibia o processo criativo de sua filha e como o elogio descritivo o liberava.

Quando minha filha Joana estava no jardim-de-infância, teve a oportunidade de participar de um concurso de artes. Ela não parecia interessada, mas eu a induzi. Acho que é porque sou artista. Enquanto ela desenhava, sentei-me perto e disse: "Ótimo!"... "Uau!"... "Gostei da cor!"... "E os pés, não tinham que ser um pouco maiores?"... "Assim!"... "Pare!"... "Assim está perfeito!"

Logo depois, Jane perguntou: "Mãe, por que ele precisa ficar perfeito?" Então, ela largou seus lápis e se recusou a continuar. No começo fiquei chateada com ela. Aí, percebi que talvez eu tivesse falado demais. Então, da vez seguinte em que ela trouxe um desenho para casa, eu não comentei. Mas acho que ela gostaria que eu dissesse algo, porque ela o colocou bem na minha cara, quando eu estava lavando roupa. Era o desenho de um tigre e estava bom mesmo. Com algumas pequenas mudanças ele ficaria ótimo. Mas me controlei. Eu o peguei e só o descrevi: "Vi que você fez um tigre sorridente, com listas cor de laranja e pretas e um rabo comprido e...". Antes que eu terminasse, Jane o pegou e disse: "Essa é a mamãe tigre. Agora vou fazer o filhote".

Mais tarde, quando pensei no que tinha acontecido, percebi que todos os meus comentários para "ajudá-la" eram minha forma de fazê-la agradar a mim, quando a pessoa que ela realmente precisava agradar era ela mesma. De agora em diante, vou tentar ficar longe quando Jane desenhar. Acho que a única ocasião em que ela precisa de meus comentários é quando os solicita.

* * *

O relato seguinte é de uma mãe que descobriu o que pode ocorrer quando se resiste à vontade de avaliar.

Voltei para casa após uma sessão sobre elogio descritivo e notei um desenho sobre a mesa da cozinha, feito pelo meu filho de 12 anos, João. Era evidente que ele tinha deixado lá para que eu visse. Quando passei pelo seu quarto, ele sentou-se na cama e perguntou: "Você viu o meu desenho?"

Geralmente minha resposta teria sido: "Sim, está lindo. Você é mesmo um artista maravilhoso". Mas, recém-saída de um *workshop*, pensei: "Bom, vou tentar descrever..." então respondi: "Sim, vi! Vi um dinossauro, um lago, árvores grandes e troncos de árvore na margem e...".

João deu um sorriso aberto e começou a me contar o que tinha aprendido sobre dinossauros. À medida que ele contava do que tinha gostado, senti que estávamos mesmo nos conectando. Esse é o tipo de momento que valorizo. E pensar que isso não precisa ocorrer por acaso, mas que eu posso fazer acontecer, realmente me entusiasma.

* * *

A história a seguir, de uma mãe que trabalha fora, descreve uma situação que normalmente motivaria uma bronca nos filhos. Em vez disso, ela a transformou numa oportunidade de elogiá-los.

Desde que comecei a trabalhar meio período, tive vários problemas por me atrasar e meus três filhos ficarem impedidos de entrar em casa ao chegarem da escola. Finalmente, decidi esconder uma chave reserva fora de casa e disse às crianças para usarem somente em caso de emergência e para recolocarem a chave no esconderijo assim que abrissem a porta.

Acabou sendo uma boa solução, porque ao menos uma vez por semana eu tinha de fazer hora extra. Uma tarde voltei atrasada para casa e encontrei meus três filhos fazendo um lanche à mesa, e no chão da cozinha estava a chave.

Perguntei: "Ah, não! Como a nossa chave parou no chão?"

Nélson respondeu: "Esqueci de guardar no lugar."

Pude ver que ele se sentiu muito mal por isso, então lhe disse que ter encontrado a chave no chão era bom.

As crianças me olharam surpresas. Comentei: "Vocês percebem como os três têm sido responsáveis com a chave? Vocês a estão usando há mais de um ano e esta é a primeira e única vez que alguém se esqueceu de guardá-la. Acho que esse é um recorde do qual se orgulhar".

Eles ficaram radiantes. Então, Nélson pulou da cadeira e disse: "Vou guardá-la agora!"

Nunca mais tive de lembrá-los.

* * *

Neste depoimento, um filho revela seu pior lado à mãe, que encontra um modo de ajudá-lo a perceber que ele tem qualidades.

Paulo não era um bom aluno. Ele fazia o mínimo no menor tempo, para "se livrar". Uma tarde, depois das aulas, ele entrou em casa e ficou parado. Quando o vi fiquei alarmada: "O que aconteceu?", perguntei.

Ele respondeu: "Acabei de chutar a porta da garagem".

Fiquei chocada: "De propósito?"

"Fui mal na prova de álgebra", ele explodiu. "Eu tentei! Dessa vez eu tentei, mesmo. Eu estudei e fui mal."

Era visível que ele estava sofrendo tanto que pensei que aquele não era o momento para falar sobre a porta da garagem. Eu me senti péssima por ele. Seu pai e eu estávamos há anos atrás dele para que se dedicasse, para que se esforçasse mais e finalmente ele tinha se esforçado. Ele honestamente tentara o máximo e o resultado tinha sido um fracasso.

"Bem, vocês não vão me castigar?", perguntou.

Não sabia como responder. Eu só sentia que era melhor me agarrar a qualquer habilidade minha para impedir que nós dois afundássemos. Cautelosamente, perguntei: "Você trouxe a prova para casa?"

Ele procurou em sua pasta e me mostrou a prova. Tinha um 6,0 rabiscado em cima. Estudei a prova e tentei imaginar o que tinha dado errado.

Eu pedi: "Paulo, por favor, vejo quanto você está aborrecido, mas preciso que me explique. Esse primeiro exemplo, que você acertou, como chegou à resposta?"

Paulo deu uma longa explicação – algo como fatorar um polinômio em um binômio. Tentei acompanhá-lo, mas não consegui. Quando terminou, comentei: "Então, você entendeu a teoria, ao contrário de mim, e você deve ter entendido os outros cinco exemplos, porque os acertou também. O que deu errado com os outros quatro?"

Paulo se inclinou e respondeu: "Nesses dois eu multipliquei quando deveria ter dividido, e nesses dois eu só fiz um erro bobo na adição."

"Então, o que você está me dizendo", eu disse vagarosamente, "é que você entende toda essa coisa complicada, mas que fez quatro erros por descuido que lhe custaram quatro pontos. Só posso concluir que você tem uma mente que consegue captar conceitos matemáticos avançados, mas que precisa verificar seus cálculos antes de entregar a prova."

Bem diante de mim vi a tensão do rosto de Paulo se dissipar. Quando ele saiu, respirei fundo e me senti como se tivesse passado por uma espécie de prova.

Dez minutos depois, Paulo voltou e disse: "Não se preocupe com a porta da garagem, mãe. Eu martelei de leve e consegui consertá-la".

"Obrigada, Paulo."

Perguntas dos professores

1. **Uma aluna de minha classe, Jéssica, é notável. Fico dividida entre minha vontade de elogiá-la bastante o tempo todo e minha preocupação de que os outros alunos comecem a se ressentir e a vê-la como a queridinha da professora. Alguma sugestão?**

    Confie em sua preocupação. Você não faz favor algum à Jéssica ao comentar publicamente quão notável ela é. Seria melhor para ela e para todos os outros se você procurasse oportunidades de mostrar sua apreciação por toda a classe: "Que trabalho de equipe! Todos vocês colaboraram e fizeram uma limpeza tão completa que o faxineiro nem vai desconfiar que tivemos trabalho de ciências hoje".

    Quando ficar especialmente contente com algo que Jéssica tenha feito, você pode descrevê-lo diretamente: "Vejo que você conseguiu somar essa longa coluna de algarismos e chegar à resposta certa. É porque você teve o cuidado de escrever um número bem embaixo do outro".

    Esse é o tipo de comentário objetivo que os outros alunos podem ouvir tranqüilamente e possivelmente aprender com ele. Seria melhor reservar sua reação emocional para um momento mais privado. Aí você pode revelar-lhe por que e quanto gosta de tê-la em sua classe.

2. **Há algum problema em apontar a uma aluna que ela é a melhor escritora da classe ou que ela tirou a maior nota no exame de matemática?**

    O problema em focalizar quem é "o melhor" ou "mais rápido" ou "mais inteligente" é duplo: o resto da classe pode desanimar facilmente. Alguns podem parar totalmente de se esforçar. E a estrela precisa agora usar todas as suas energias, não para atingir objetivos pessoais, mas para manter a fama. Seu sucesso passa a residir no fracasso dos colegas. Seria mais útil para essa aluna ouvir suas realizações serem descritas sem nenhuma referência a seus colegas. Por exemplo: "Você retratou a fazenda de seus pais com tantos detalhes que quase pude vê-la". Ou "Todas as respostas na prova estão corretas. Você entendeu mesmo os pontos decimais". Afirmações como essas ajudam um aluno a medir-se por seus próprios padrões e não em relação ao desempenho de seus colegas.

3. **A última escola em que lecionei encorajava as crianças a repetir: "Sou especial"... "Sou querido"... "Sou capaz". Os professores também eram encorajados a distribuir estrelinhas douradas e selinhos com carinhas sorridentes. Vocês consideram que esses métodos são efetivos para construir a auto-estima?**

Você não pode colar auto-estima na superfície. As afirmações e selinhos podem funcionar momentaneamente, mas perdem força com facilidade quando a evidência sugere ao aluno que ele *não é* tão querido, ou capaz, ou especial. Por outro lado, as palavras que descrevem o que a criança está fazendo, ou fez, duram para sempre e pode-se recorrer a elas quando necessário. Por exemplo, se um aluno está preocupado com o trabalho sobre baleias, dizer para si mesmo "Sou especial" ou observar sua coleção de estrelinhas douradas não ajuda muito. Mas, se seu trabalho recente sobre pau-brasil recebeu um comentário como "Repleto de informações interessantes. Aprendi muito sobre essas árvores, fatos que não sabia até agora", o aluno pode pensar: "Eu já consegui uma vez. Acho que posso de novo!"

4. **Vocês sugerem que um professor reconheça rapidamente qualquer esforço realizado pelo aluno. Mas suponha que uma criança faça uma pergunta que mostre que ela não entendeu nada. Você não tem de lhe dizer que está errada e dar-lhe a resposta certa?**

Nosso papel como educadores não é oferecer as respostas certas, mas ajudar os alunos a chegar às respostas por meio de seus próprios processos mentais. Você pode começar perguntando, delicadamente, quais idéias provocaram aquela dúvida e levá-lo ao próximo nível de compreensão com perguntas adicionais.

Uma professora de educação especial relatou que estava lendo uma história para a classe sobre um criador de abelhas quando Marlene levantou a mão e perguntou: "Abelha é passarinho?" A classe ficou eletrizada. Várias crianças levantaram a mão e acenaram.

A professora disse: "Esperem um pouco. Marlene, essa é uma pergunta interessante! O que a faz pensar que uma abelha poderia ser um pássaro?"

Muito solenemente, Marlene respondeu: "Os dois têm asas".

"Têm mais alguma coisa igual?"

"Eles voam."

"Você reparou duas coisas semelhantes. Classe, há alguma coisa que torna os pássaros diferentes das abelhas?"

"Os pássaros têm penas."

"Os pássaros são maiores."

"Os pássaros não picam."

De repente, o rosto de Marlene se iluminou. "Já sei! Já sei! Abelha é inseto!"

Todos concordaram.

No quadro, a professora escreveu a conclusão dos alunos.

"A abelha é um inseto."

Histórias dos professores

Uma professora relatou que seus alunos reagiram melhor ao elogio e à crítica quando ela usou uma descrição criativa. O trecho a seguir, de sua carta, ilustra sua abordagem divertida.

Para a aluna que terminou muito rápido a prova de matemática, eu disse: "Você passou por todos esses exemplos como um ratinho roendo um queijo".

Ao aluno cuja redação estava difícil de ler, porque juntara as palavras, disse: "Oh! Essas palavras estão apertadinhas, não parecem estar confortáveis. Mas, ah! Olhe essas duas! Elas parecem bem contentes. Estão com muito espaço entre elas".

Ao aluno com dificuldade de alinhar as letras, comentei: "Esse *c* está flutuando no ar, mas esse está bem sentado na linha... ah, esse *n* está com o pé esticado no chão e o gesso está caindo no apartamento do vizinho...".

Para ajudar a classe num treino de caligrafia, sugeri que os alunos fizessem um "concurso de beleza" e circulassem a letra mais bonita da redação para ser a vencedora.

Alguns alunos acharam que havia duas letras igualmente bonitas. Nesse caso, ambas foram declaradas vencedoras.

* * *

Uma professora de quinta série relatou como usou o elogio descritivo quando seus alunos não se comportaram.

A classe estava de mau humor. Tinha chovido a semana toda e as crianças estavam inquietas. Quando voltamos do recreio, os alunos continuaram a brincar e a correr. Essa não é a situação em que o elogio me vem logo à mente, mas olhei para a classe e vi dois meninos quietos e sentados.

Virei para a lousa e escrevi o nome deles embaixo de "Hora de Artes". Depois disse a meus alunos-modelo: "Assim que tocou o sinal, vocês pararam de brincar. Cada um está no seu lugar esperando o que vem a seguir. Gostei disso". Os outros olharam para mim e para os dois nomes no quadro. Alguns deles logo pararam de brincar e correram para suas carteiras. Coloquei seus nomes também na lista e disse: "Obrigada". Mais três se sentaram.

Foi maravilhoso. Não tive de levantar minha voz ou fazer ameaças. Os alunos perceberam o que tinha que ser feito e assim agiram. Para os que demoraram a se dar conta, os outros lhes sussurraram o que deviam fazer. No final, todos estavam sentados e quietos.

* * *

Esta história mostra como um professor de educação física conseguiu oferecer *feedback* positivo para um aluno adolescente rebelde e hostil sem sabotar sua posição perante os colegas.

Carlos não gosta de ser elogiado em público. Ele se vê como um garoto durão que não liga para a escola nem para o que dizem os professores. Ele era admirado pelos outros por sua atitude desafiadora. Só ria quando era repreendido por seu comportamento. Então ele sorria para os colegas, como se dissesse: "Eu mostrei a eles".

Durante a aula de educação física, Alberto, um dos alunos menos populares, não estava conseguindo acertar a cesta. Alguns dos colegas diziam que ele "jogava como menina" e outros riam. Carlos olhou os meninos e balançou a cabeça.

Leo, o líder do time, perguntou: "Quê? Você gosta dele ou o quê?"

Carlos apertou os olhos e disse uma palavra: "Quieto!"

Eles se calaram. Não disseram nem mais uma palavra . Só jogaram basquete.

Quando chegou a hora de ir para o vestiário, eu gritei para a quadra com uma voz dura: "Carlos, quero que você venha aqui". Alguns dos garotos se amontoaram no vestiário esperando para ver o que aconteceria. Olhei sobre a prancheta para o Carlos, enquanto dava as costas aos outros. Com uma expressão séria e voz baixa, disse:

"Carlos, vi o que você fez pelo Alberto. É preciso ser forte para ficar do lado de alguém quando os outros estão zombando dele. Você está certo!"

Carlos virou e foi andando devagar para o vestiário. Todos olharam para ele para tentar descobrir o que tinha acontecido. Carlos sorriu.

6

Como liberar uma criança do desempenho de papéis

Lia e relia a carta do diretor sem conseguir acreditar. Suas palavras ecoavam dentro de mim: "Sinto informar... cortes... transferência para uma nova escola... Escola H". Nas primeiras semanas do verão consegui tirar essa carta da cabeça, mas, à medida que o início do ano letivo se aproximava, minha ansiedade aumentava com a perspectiva de começar tudo de novo em uma nova escola. Tentava me acalmar. Apesar de tudo, uma escola é uma escola. Crianças são crianças. Quão diferente essa escola poderia ser? Além disso, eu tinha dois anos de experiência.

No dia dedicado à orientação, descobri que eu não era a única professora transferida. O coordenador geral reuniu todos os novatos e nos apresentou os procedimentos e regras disciplinares da escola. Seu foco principal concentrou-se nos "maus alunos" e em como "ser durão" com eles. Ao final do dia, nos disseram que cada um de nós receberia um professor como "mentor", que nos ajudaria a aprender o "jeito certo" de fazer as coisas. Eu estava contente por ter o dia seguinte para preparar minha aula. Não agüentava mais ouvir explicações sobre relatórios, retenção ou suspensão.

Cheguei cedo na manhã seguinte, ansiosa para me organizar.

Na minha mesa havia uma lista com os nomes dos 28 alunos da classe. Estudei a lista e notei que havia 18 meninos e dez meninas.

Uma senhora alta e grisalha entrou e se apresentou como professora Deise, minha mentora. Olhando para minha lista de alunos, comentou: "Ensino aqui há 27 anos e posso lhe dizer tudo que você precisa saber sobre essas crianças. Conheço todas e também seus irmãos e alguns dos pais".

"Esta escola tem mais meninos que meninas?", perguntei enquanto entregava-lhe a lista.

Ela sorriu condescendentemente. "Não realmente. Você compreende, por ser uma professora nova, você ganha os 'bons alunos', por assim dizer."

Contei-lhe que aquele era o meu *terceiro* ano lecionando, mas ela me interrompeu dizendo: "Oh, coitada, você tem a Mariana R. Ela é uma verdadeira cabeça-de-vento, completamente dependente, não escuta nada". E continuou: "Você também tem a Andréia M.! Essa é traiçoeira. Não se pode confiar nela para nada. Sempre vem com um monte de desculpas... E não me diga que puseram o Joel na sua classe! Ele é superdevagar, tem a capacidade de atenção de uma criança de 3 anos. Só faz palhaçada".

Eu escutava atônita, enquanto ela lia a lista. "Puxa, como o Henrique conseguiu chegar aí? Ele é um menino extremamente tímido, muito nervoso, nunca abre a boca, mas não lhe dará nenhum trabalho... Nem Sílvio, exceto por ser muito molenga... Ah, mas tem o Ronaldo. Ele apronta pelos outros dois. O Ronaldo é esperto, mas mau – um verdadeiro valentão, muito impulsivo. Espere até ouvir as besteiras que saem da sua boca. Não posso acreditar que eles o deram para alguém tão doce como você. Bem, sempre haverá o próximo ano. Com uma classe dessas é a única coisa que se pode esperar."

Encaminhou-se para a porta e disse: "Tenho um monte de trabalho para fazer. Se eu terminar cedo, talvez possamos conversar mais. Ou talvez possamos almoçar juntas".

Concordei polidamente, mas assim que ela saiu minha cabeça começou a doer. O que me esperava? Ela estava certa sobre as crianças? Tinha me deixado a sensação de que as características e personalidades de cada uma eram imutáveis. Gravadas na pedra. Incrível. Será que ela nunca lera nenhum dos estudos que mostram a conexão entre a expectativa do professor e o desempenho do aluno? Será que ela não sabia que as crianças são capazes de mudar e que o professor pode ser um poderoso agente dessa mudança?

Uma onda de dúvida me atingiu. Estava sendo ingênua? Boba e idealista? De repente, lembrei-me de um documentário a que assistira alguns anos antes num curso sobre educação. Uma professora primária, com a feição muito séria, contou para a classe que uma pesquisa provava que crianças com olhos castanhos eram mais inteligentes e superiores do que as crianças de olhos azuis. O resto do dia as crianças se comportaram de acordo com essa expectativa. As de olhos castanhos, animadas com a novidade, atuaram melhor do que nunca. As de olhos azuis, mesmo as mais brilhantes, ficaram tão chocadas e abatidas que não conseguiram realizar suas tarefas. No dia seguinte, a professora, de novo muito séria, disse à classe que um erro havia sido cometido. Na realidade, crianças de olhos azuis eram superiores e as de olhos castanhos eram bobas e inferiores. Mais uma vez as expectativas do professor determinaram o desempenho das crianças: as de olhos azuis exultaram e se superaram, enquanto as crianças de olhos castanhos quase não reagiram, imobilizadas pela vergonha e dúvidas sobre si próprias.*

Os métodos dessa professora me incomodaram muito, mas não havia como negar os resultados de sua experiência. A evidência de

---

* (N. do E.): A importância da expectativa do professor no desempenho do aluno não é, no entanto, o tema principal do documentário "Olhos Azuis". Este mostra o trabalho da educadora americana Jane Elliot, realizado na década de 1960 com crianças e na de 1990 com adultos. O objetivo de Elliot é mostrar como o preconceito racial afeta a auto-estima e a capacidade de desenvolvimento das pessoas.

que o poder de um professor afeta a auto-imagem de uma criança para melhor ou para pior ficou gravada em minha memória. Eu não cairia na armadilha de aceitar a percepção que a professora Deise tinha das crianças. Todos em minha classe teriam a mesma cor de olhos.

Mas será que eu estava preparada para a tarefa que tinha pela frente? Naquela tarde, me peguei pensando em Nicole, uma de minhas alunas do ano anterior, uma menina brilhante e cheia de energia. Testemunhei como seus professores, sem querer, aos poucos foram aprisionando-a em um papel.

Ouvi sua professora de educação física gritar "Nicole, por favor, feche a matraca!"

Ouvi sua professora de inglês dar uma bronca: "Nicole, abaixe a mão. Eu sei que você sabe a resposta. Dê chance para outras pessoas falarem também".

Ouvi seu professor de música dizer "Nicole, você precisa sempre fazer um comentário sobre tudo? Não estou interessado em que músicas você acha que deveríamos cantar. Guarde suas opiniões para você, só para variar".

Eu me ouvia dizer "Nicole, você está perturbando todo mundo com sua conversa. Não percebe que os outros não acabaram a prova?" Nicole ruborizava-se embaraçada e parava, mas alguns minutos mais tarde eu a via virar-se e começar a tagarelar com a garota de trás. Exasperada, eu tocava seus ombros para que ela voltasse para a frente: "Nicole, eu já mandei, pare com isso! Você é uma máquina de falar".

Nós todos julgávamos que, falando de novo e de novo o que estava errado com ela, Nicole escutaria e melhoraria. Ela deve ter escutado, mas certamente não melhorou. De fato, ela parecia exibir ainda menos autocontrole. Era como se ela dissesse para nós todos "Se é assim que vocês me vêem, então assim eu serei". Talvez nós, seus professores, fomos os responsáveis por reforçar seu papel de "tagarela incansável".

Analisei a reação de Nicole a nossos comentários de outro ponto de vista – bem menos indulgente. Por que todo o fardo de mudar o comportamento de Nicole recai sobre os ombros de seus professores? Onde está a responsabilidade de Nicole nisso tudo? Por que ela não respondia a nosso descontentamento e fazia o mínimo esforço para melhorar?

O telefone tocou. Era a voz calorosa e reconfortante de Janete: "Todos sentimos sua falta. Como vai?"

Eu queria contar tudo ao mesmo tempo – sobre a professora Deise e o que ela dissera sobre as crianças, sobre minhas memórias de Nicole e meus pensamentos atuais sobre sua teimosia e seu comportamento desafiante.

"Uau", exclamou Janete. "Não tenho certeza se Nicole estava desafiando você. Você não acha que ela se sentia tão desamparada e impotente que não conseguia mudar a imagem que todos os professores tinham dela? Quando se é criança e ouve todo mundo falar o tempo todo a mesma coisa de você, a gente acredita."

"Como você sabe?", perguntei. Uma longa pausa. "Janete", insisti, "diga-me."

"Ah... acho que estava me lembrando de quando eu tinha 12 anos, era muito insegura, e o que aconteceu na primeira vez que fui a um acampamento."

"Foi ruim para você?"

"Não, meu primeiro verão foi maravilhoso. Minhas colegas de quarto gostaram de mim, minha monitora gostou de mim, até os garotos gostaram de mim. Aprendi a nadar e a remar, ganhei o prêmio de melhor fantasia e voltei para casa com uma confiança que nunca tivera. Foi o melhor verão da minha vida."

"Então todo o *feedback* lhe deu uma nova imagem de si mesma."

"Agora vou contar o que um *feedback* negativo pode fazer", continuou. "Eu retornei ao mesmo acampamento no verão seguinte, mas nada foi igual. Minha monitora era nova, assim como minhas colegas de quarto – um monte de meninas loucas por rapazes e por roupas que decidiram que eu era "imatura" e boba. Eu tentei muito ficar amiga delas, mas elas me excluíram totalmente. Os rapazes só estavam interessados nas novas garotas. Até minha monitora desistiu de mim quando me viu jogar bola e me chamou de "desajeitada". No final do acampamento eu já tinha entregado os pontos. No último jogo de vôlei da temporada, os capitães montaram os times e eu sobrei. Sentei no banco, assisti um pouco e então fui para o quarto vazio e, na falta de algo melhor para fazer, comecei a lavar minhas meias. Ainda posso me lembrar da espuma e da água suja indo pelo ralo e eu me sentindo como se estivesse indo com elas. Ninguém me queria. Ninguém se importava se eu vivesse ou morresse. E não havia nada que eu pudesse fazer para mudar."

Fiquei quieta porque sentia muito por ela e não sabia o que dizer. Finalmente perguntei "Janete, você está me dizendo que é quase impossível superar a forma como os outros a vêem?"

"Talvez algumas crianças sejam suficientemente fortes para continuarem equilibradas e acreditarem em si mesmas. Eu não fui."

Janete mudou de assunto depois disso, mas, quando nossa conversa acabou, eu não conseguia deixar de pensar em seus dois verões. Janete parecia uma pessoa tão forte e segura que era difícil imaginar que algum dia ela tinha sido uma criança insegura, vulnerável à maneira como os outros a viam. Então me lembrei das crianças da lista de minha classe que a professora Deise enquadrou tão rigidamente e pensei em quanto elas seriam vulneráveis.

Quando finalmente me encontrei com minha 5ª série na segunda-feira, senti-me aliviada e agradavelmente surpresa. Ninguém parecia tão terrível. Basicamente se assemelhava a qualquer outro grupo de crianças normais. Apesar disso, até o final da primeira semana, já havia me ocorrido mais de uma vez que poderia haver alguma verdade na caracterização das crianças feita pela sra. Deise. Desviei-me desse pensamento feio e continuei determinada a procurar o melhor em meus alunos. A última coisa que precisavam de mim era mais uma dose de "rótulos tóxicos".

Ao final da segunda semana, percebi que minhas boas intenções não eram suficientes. Por exemplo, quando Mariana esquecia sua régua de novo, eu sabia o suficiente para não chamá-la de cabeça-de-vento, mas, apesar de estar segurando minha língua, eu não conseguia controlar meus pensamentos. Eu não podia parar de pensar nela como cabeça-de-vento e me ouvia dizendo coisas como "Mariana, você se lembrou de trazer seu dinheiro para o lanche hoje?... Não esqueça sua malha de novo... Certifique-se de colocar sua agenda na mochila para não perdê-la de novo".

É verdade, eu nunca a chamei de "cabeça-de-vento", mas certamente eu estava "telegrafando" como a via. Eu fazia o mesmo com as outras crianças também. Nunca chamei Joel de distraído, mas eu lhe disse com os dentes cerrados: "Joel, tente prestar atenção desta vez, por favor!" Eu nunca chamei Sílvio de molenga, mas eu o apressava dizendo "Sílvio, pelo menos esta vez, não seja o último da classe". Eu nunca disse a Ronaldo que ele tinha uma "boca suja", mas o olhar que eu lhe lançava transmitia a mensagem claramente.

Percebi que eu precisava de um plano. Naquele fim de semana fiz uma lista das características de personalidade dos alunos que me perturbavam mais. Então, li o capítulo "Liberando as crianças do desempenho de papéis" em *Como falar para seu filho ouvir e como ouvir para seu filho falar* e reescrevi os itens, substituindo a palavra "filho" por "aluno".

Para liberar o aluno do desempenho de papéis:

- Busque oportunidades de mostrar ao aluno uma nova imagem de si mesmo.
- Coloque o aluno em situações em que ele possa ver a si mesmo de forma diferente.
- Deixe-o escutar (sem querer) algo positivo sobre ele.
- Dê um exemplo do comportamento que você gostaria de ver.
- Relembre o aluno de suas conquistas anteriores.

- Quando o aluno se comportar de acordo com os velhos padrões, exponha seus sentimentos e suas expectativas.

Nas páginas seguintes, na forma de história em quadrinhos, você encontrará alguns dos exemplos que imaginei enquanto pensava em como aplicar esses itens com meus alunos.

BUSQUE OPORTUNIDADES DE MOSTRAR A SEUS ALUNOS UMA NOVA IMAGEM DE SI MESMOS

COLOQUE O ALUNO EM SITUAÇÕES EM QUE ELE POSSA VER A SI MESMO DE FORMA DIFERENTE

DEIXE-O ESCUTAR ALGO POSITIVO SOBRE ELE

DÊ UM EXEMPLO DO COMPORTAMENTO QUE GOSTARIA DE VER

RELEMBRE O ALUNO DE SUAS CONQUISTAS ANTERIORES

MAS O QUE FAZER QUANDO O ALUNO CONTINUA AGINDO COMO ANTES?

DIGA QUAIS SÃO SEUS SENTIMENTOS E/OU EXPECTATIVAS

A partir desses exemplos, fiquei contente por descobrir o que eu poderia realmente dizer para "desrotular" meus estudantes. Então comecei a pensar neles de forma diferente. Pouco a pouco, conforme lhes passava uma imagem mais positiva de si mesmos, percebi mudanças acontecendo bem diante dos meus olhos:

Mariana se lembrou de trazer a permissão assinada para o passeio da classe.

Andréia admitiu ter "emprestado" a régua de Mariana.

Pedro apresentou-se para responder a uma questão!

Joel contribuiu significativamente para uma discussão em classe.

Sílvio chegou pontualmente três vezes seguidas.

Ronaldo passou uma semana inteira sem provocar uma briga. Para surpresa de todos, num momento de frustração, ele bateu o punho na carteira e gritou "Que raiva!"

Eu estava tão excitada pelo que observava, queria contar a todo mundo. Naturalmente liguei para Janete. "Todos os dias eu posso ver essas crianças deixando seus antigos papéis e explorando novas partes de si mesmas", contei triunfante.

Janete se sentia muito feliz: "Meus parabéns, e agora pode me congratular também".

"Pelo quê?", perguntei.

"Por eu perceber, depois de termos conversado na última vez, que eu também andava rotulando minhas crianças."

Eu estava chocada. "O que você está dizendo? Que tipo de rótulos? Que crianças?"

"As minhas – Diana e Emília. Elas têm tão pouca diferença de idade e competem tanto uma com a outra que eu queria que cada uma se sentisse especial. Então eu disse para Diana que ela era a artista da família e para Emília que ela era a escritora da família. Até joguei o pequeno João no caldeirão, dizendo-lhe que era nosso músico."

"O que há de errado com isso?", perguntei. "Esses são papéis muito positivos."

"Essa é exatamente a questão", respondeu Janete. "Positivos ou negativos, papéis são papéis. As crianças ficam presas a eles e se tornam temerosas de experimentar alguma forma diferente de ser. Para que se arriscar a tentar conseguir fazer tão bem quanto o irmão ou a irmã?"

"Ou arriscar fazer melhor", completei, "e ter seu irmão ou irmã a odiando por isso?"

"Exatamente", respondeu Janete. "Quero que saiba, Elisa, que foi sua determinação em eliminar rótulos e papéis em sua classe que me inspirou a tentar fazer o mesmo em casa."

Nas próximas duas páginas, você verá o que Janete conversou com Diana e sua tentativa de libertá-la do papel que lhe havia atribuído.

Eu não podia parar de pensar nesses duas situações depois da conversa com Janete. Sei que, se eu ficasse preocupada em escrever uma redação e me atormentasse pelo pensamento de que minha irmã é a "escritora da família", a insistência de minha mãe afirmando que sou uma artista melhor não me confortaria. Não somente me sentiria desencorajada para começar minha redação como provavelmente pensaria "se é minha 'arte' que me confere valor em minha família, o que acontecerá se eu parar de ser boa nisso? E se algum dia minha irmã trouxer para casa um desenho bonito? O que vai acontecer comigo?"

Se eu me colocar na segunda situação, quando minha mãe focalizou só a mim e me mostrou minhas capacidades únicas, eu me sentiria muito diferente. Eu pensaria "Talvez eu consiga dar conta dessa redação. Talvez haja coisas que eu possa dizer sobre justiça". Não seria importante se minha irmã é uma escritora brilhante ou não. Ela poderia ser qualquer tipo de escritora que quisesse. Eu estaria livre para ser eu mesma.

Havia tanto para pensar. Nunca a situação estivera tão clara para mim. Meu papel como professora e o de Janete como mãe era o de ficarmos firmes em *não impor nenhum papel. Não mais rotular as crianças.* Cada uma precisa ser vista como um ser multifacetado – ora tímido e retraído, ora impetuoso e ativo; ora vagaroso e pensativo, ora ágil e objetivo; ora teimoso e não cooperativo, ora flexível. Nunca o mesmo, sempre em processo, sempre com a capacidade de mudar e crescer.

Não mais rotular a capacidade escolar – "acima da média"... "abaixo da média"... "medíocre"... "brilhante"... "vagaroso". Cada criança precisa ser encarada como um aprendiz e encorajada a experimentar a alegria da descoberta intelectual e a satisfação de progredir – lenta ou rapidamente.

Não distinguir mais as crianças por um dom artístico ou esportivo e sobrecarregá-las de atenção à custa de seus colegas ou irmãos menos talentosos. Sim, os mais dotados precisam de reconhecimento e atenção, assim como *todas as* crianças. *Cada uma* precisa ser encorajada a vivenciar os prazeres do esporte, da música, da dança, do teatro e da arte, sem se preocupar em ser a estrela do atletismo ou o gênio musical ou a atriz da classe ou a artista da família.

Não aprisionar mais as esperanças, sonhos e possibilidades das crianças, trancando-as em rótulos. Quem sabe o que qualquer um de nós poderia ter se tornado, se apenas uma pessoa acreditasse em nós para ajudar-nos a explorar nossos "eus" inexplorados.

Lembrete

Para liberar uma criança do desempenho de papéis
em casa e na escola

ADULTO: Nicole, você é uma tagarela. Com você por perto, ninguém consegue falar!

Em vez de rotular a criança, você pode...

1. BUSCAR OPORTUNIDADES DE MOSTRAR-LHE UMA NOVA IMA-
   GEM DE SI MESMA.
   "Que autocontrole! Mesmo tendo muitas coisas para dizer,
   você percebeu que os outros também devem ter a oportunidade de falar!"

2. COLOCÁ-LA EM SITUAÇÕES EM QUE POSSA SE VER DE FORMA
   DIFERENTE.
   "Nicole, quero que você dê uma aula para a classe e tenha o
   cuidado de dar oportunidade para todos falarem."

3. DEIXÁ-LA OUVIR VOCÊ FALANDO ALGO POSITIVO SOBRE ELA.
   "Nicole tem tantas idéias maravilhosas, que é muito difícil
   para ela se segurar. Mas eu tenho percebido que ela está
   tentando melhorar."

4. DAR-LHE UM EXEMPLO DO COMPORTAMENTO QUE VOCÊ GOS-
   TARIA DE VER.
   "Desculpe, eu não queria interrompê-la. Por favor, termine
   o que você estava dizendo. Eu posso esperar!"

5. RELEMBRAR A CRIANÇA DE SUAS CONQUISTAS ANTERIORES.
   "Eu me lembro da discussão que tivemos sobre pena de
   morte. Você ouviu em silêncio e, quando finalmente deu seu
   ponto de vista, algumas pessoas até mudaram de opinião!"

6. DIZER À CRIANÇA, QUANDO ELA AGIR CONFORME O ANTIGO
   RÓTULO, QUAIS SÃO SEUS SENTIMENTOS E EXPECTATIVAS EM
   RELAÇÃO A ELA.
   "Nicole, quando outras pessoas estão esperando a vez de
   falar, eu gostaria que você fizesse seus comentários de
   modo mais breve."

Perguntas e histórias de pais e professores

Perguntas dos pais

1. **Quando encorajamos as crianças a parar de representar papéis, como "o chefão" ou "o crítico" ou "o sr. Teimoso" ou "a srta. Sensível", não corremos o risco de perder algum lado positivo do rótulo junto com o negativo?**

Toda vez que ajudamos uma criança a arriscar-se a agir de outro modo, temos de apoiar sempre o que existir de positivo no papel anterior. O "chefão" precisa ser valorizado por suas qualidades de liderança. O "crítico" precisa ser elogiado por seu poder de observação. O "sr. Teimoso" necessita de respeito por sua persistência e determinação. A "srta. Sensível" precisa de reconhecimento por sua capacidade de importar-se com os outros.

2. **Estou tentando ajudar meu filho a mudar seu papel de não ser digno de confiança para o de ser confiável. Agora fico pensando se não estou tirando-o de um papel e colocando-o em outro. O que você acha?**

É importante não aprisionarmos a criança em nenhum papel. Ela sente que se lhe dissermos "Você é *sempre* tão confiável" é tão ameaçador quanto se ouvisse "Eu *nunca* posso confiar em você". Em vez disso, relembre-lhe uma situação em que ela se comportou de maneira confiável: "Você disse que assumiria a responsabilidade de descobrir quanto custou o livro que perdeu e você o fez". Isso lhe revela que, quando ela *escolhe* ser confiável, ela consegue.

3. **Eu não consigo perceber mal algum em dizer a uma criança "Você é sempre tão digno de confiança". Isso não lhe daria algo em que se "segurar"?**

Dizer a uma criança que ela é *sempre* alguma coisa significa encurralá-la. Ela pode comportar-se de modo a contradizer o que lhe é dito para provar que você está errado, como também pode tomar para si esse papel, não importa sob que circunstâncias ou a que custo ("meu tornozelo ainda não sarou completamente, mas não posso decepcionar meu time"). Queremos que as crianças sintam-se livres dessas coerções – para poderem avaliar cada situação como ela se apresenta – e tomem decisões baseadas no seu melhor julgamento, e não na visão de alguma outra pessoa de como elas deveriam *sempre* se comportar.

4. O que podemos fazer quando uma criança rotula a outra? Estou pensando em minha filha, Lígia, que chama sua amiga Susana de "má e egoísta" quando brincam e Susana não lhe dá o que ela quer.

Nunca subestime seu poder como pai de influenciar seus filhos a se importar com as pessoas. Quando uma criança rotula outra, você pode intervir para ajudá-las a ver o melhor em cada uma: "Lígia, que tal pedir para a Susana o que você quer sem usar essas palavras. Aposto que ela pode ser generosa se você pedir de maneira amigável".

Histórias dos pais

Esta primeira história é da mãe de uma menina "esquecida".

Minha filha Paula é mestra em ser distraída. Na hora de sua lição de casa, eu descubro que ou não trouxe o livro para casa ou que perdeu sua agenda com o dever ou que lembrou do livro, mas não sabe em que página está a lição. Já tentei de tudo – ser paciente, gritar, longos sermões sobre responsabilidade. Meu marido diz que eu só estou piorando as coisas e conferindo a Paula uma auto-imagem negativa. Na semana passada fiquei tão chateada com ele que disse: "Está certo, você assume o comando". E ele o fez.

Por exemplo, quando a Paula me pediu oito reais para o passeio com a classe, não mencionei que ela tinha perdido o dinheiro da última vez, simplesmente disse-lhe para falar com o pai. Ele não tinha troco, então lhe deu uma nota de dez reais: "Eu espero que você traga para casa os dois reais de troco. Pense num lugar seguro onde você pode guardar seu dinheiro até que me devolva". E ela assim o fez! Colocou o dinheiro no sapato e entregou o troco ao pai assim que ele chegou em casa naquela noite.

Uma hora depois ela entrou em pânico porque não conseguia encontrar sua agenda. Meu marido lhe disse: "Paula, quando você puder escutar, tenho uma pergunta para fazer". Ela imediatamente perguntou: "Qual?"

ELE: "Quem em sua classe teria essa lição?"

ELA: "Cíntia", e foi direto para a cozinha telefonar.

Mais tarde, quando meu marido foi para o quarto dar-lhe boa-noite, devolveu-lhe os dois reais e lhe disse para comprar a maior agenda que pudesse encontrar por esse preço e escrever algo na capa que a ajudasse a se lembrar de trazê-la para casa.

Ela perguntou: "O quê, por exemplo?".

Ele respondeu: "Uma garota tão inteligente para pensar em guardar o dinheiro dentro do sapato pode imaginar algo para escrever".

ELA: "Já sei. Vou escrever 'Não se esqueça de mim, Garota Inteligente'", e gargalhou.

Tenho de admitir que meu marido está no caminho certo.

* * *

Na próxima história, uma madrasta narra o que tem feito para proteger suas afilhadas de serem "colocadas" em certos papéis por parentes insensatos.

Recentemente me casei com um homem que têm filhas gêmeas não idênticas. No almoço de Páscoa, escutei um tio delas referir-se jocosamente a elas como "a bela e o cérebro". É verdade que uma é extremamente bonita e a outra uma excelente aluna, mas mesmo assim eu estava horrorizada.

Virei-me em direção às meninas para ver suas reações. Nenhuma delas parecia surpresa. Evidentemente já o tinham ouvido dizer isso antes. Uma tia tentou mudar de assunto, mas eu estava tão chateada que não poderia deixar passar. Em voz alta eu comentei: "Conheço a Estela e a Helena há quase um ano e posso dizer-lhe, já que convivo com elas, que ambas são dotadas de inteligência superior. E, para mim, ambas são bem fortes no quesito beleza".

Posso não contar com muita estima desse tio, mas podia ver pela carinha delas que estavam contentes com o que eu tinha dito.

* * *

Um pai que faz trabalho voluntário na escola contou-nos a próxima experiência.

Fui designado para a 3ª série de uma classe racialmente mista e cuja maioria são crianças pobres, muitas filhas de trabalhadores migrantes. A professora me puxou de lado no meu primeiro dia e me disse para trabalhar com Hélio e Gustavo, de 9 anos. Então ela me fez um resumo dos dois: Hélio vinha de uma casa com drogas e violência. Gustavo vivia com sua avó porque o pai estava preso. Ela me avisou para não ter grandes expectativas sobre eles: "Os dois gostam de arranjar problemas e não são lá muito brilhantes. De fato, nesta escola" – ela fez uma pausa e abaixou sua voz – "crianças assim são chamadas de trastes".

203

Não conseguia engolir o que ela dissera. Trastes? Crianças descartáveis? Lixo humano? Aquelas palavras me estimularam ainda mais! Comecei minha primeira lição de leitura com os meninos, determinado a fazer o melhor com eles. Eles bocejavam na minha cara. Hélio me disse que tinha assistido a um filme na TV até as duas da manhã e Gustavo disse que estava com fome. Descobri mais tarde que ele não tinha tomado café da manhã.

No dia seguinte eu trouxe lanche para os dois garotos e, enquanto comiam, li para eles uma história. Então dei a cada um um livro com enigmas e piadas e pedi que escolhessem um para ler alto. Gustavo escolheu uma piada sobre um fazendeiro e seu porco. Eu ri quando acabou. Então o Hélio perguntou "Posso ler a minha?" Ele leu com muita hesitação, mas parecia compreender o conteúdo.

Aquele dia quebrou o gelo entre nós. Eu continuei trazendo lanches e trabalhando com eles em leitura e matemática. Aos poucos percebi que a professora estava errada. Eles eram brilhantes, os dois. Gustavo lia com excelente compreensão e Hélio era bom com os números. Eu não perdia uma oportunidade de deixá-los saber como eu estava impressionado com o rápido progresso deles e como eu sentia prazer de trabalhar com eles. Não era exagero. Eu realmente estava apaixonado pelos dois garotos.

Depois de alguns meses eles já liam e respondiam a questões de matemática e comportavam-se de maneira cooperativa em classe. Eu me sentia vingado. Eu sabia que esse resultado era porque eu tinha tratado os assim chamados "casos perdidos" como crianças que eu valorizava e que eram importantes e dignas de respeito.

Algumas semanas antes de o semestre acabar, a família do Hélio foi despejada e ele teve de abandonar a escola. Quando ele chegou à classe no seu último dia, parecia triste e retraído. Eu lhe disse que conseguiria o endereço da nova escola para que eu e Gustavo pudéssemos lhe escrever. Então o abracei com um adeus e disse que nunca o esqueceria.

Nos dias que se seguiram me peguei sentindo uma falta terrível do Hélio e desejando ter passado mais tempo com ele. Imaginei quanto poderiam durar seus bons sentimentos sobre si mesmo num mundo frio e cheio rejeição.

Perguntas dos professores

1. **No primeiro dia de aula somos informados que devemos anunciar aos alunos as regras e conseqüências por não obedecê-las – nome no quadro, perda de privilégios do recreio, aviso aos pais, permanência na escola após a aula etc., até suspensão. Fico pensando se essa abordagem não coloca as crianças no papel de bagunceiros, causadores de problemas, e envia-lhes a mensagem "Espero que se comportem mal". O que você acha disso?**

Os estudantes tendem a responder mais ou menos de acordo com as expectativas de seus professores. Se você os vê como "pessoas defeituosas que precisam de reparos para serem endireitadas", elas darão muito trabalho. Se, em vez disso, você escolher focalizar qualquer aspecto que seja positivo e construir um relacionamento a partir disso, eles trabalharão igualmente duro para justificar sua fé neles.

Uma professora contou que ela começa o semestre descrevendo alguns dos projetos empolgantes que tem em mente (por exemplo, uma estação de rádio da classe). Deixa claro que precisará da contribuição e do envolvimento de todo mundo e então, apontando para uma lista no quadro de avisos, diz: "Agora, vamos ver algumas regras que nos ajudarão a alcançar nossos objetivos. Provavelmente vocês já conhecem a maioria delas".

"Isso", revelou ela, "permite que meus alunos saibam, desde o começo, que eu os vejo como basicamente responsáveis, cooperativos, como pessoas criativas, que têm algo de valor para contribuir com a classe."

2. O que fazer se, apesar dos esforços do professor, um aluno persistir em desempenhar um papel?

Persevere. Não leve a resistência da criança como algo pessoal. O jovem que continua a assumir um papel negativo não está necessariamente provocando você. O mais provável é que ele se apega ao que é seguro e familiar. Ele pode precisar que você repita-lhe muitas vezes as novas atitudes esperadas antes de conseguir começar a confiar em você ou em si mesmo e experimentar novos comportamentos.

3. Na vizinhança da escola onde leciono, o ambiente é tão violento que alguns professores parecem aceitar como fato a idéia de que os alunos são "delinqüentes juvenis" que serão "maus e agressivos" uns com os outros, até mesmo nas brincadeiras. Acham que não há nada que possa ser feito. Você concorda com isso?

A situação que descreve pode ser perigosa. Quando nós adultos permanecemos em silêncio e permitimos que as crianças machuquem umas as outras, em nome de uma brincadeira, sancionamos uma forma de violência que pode esparramar-se por todos os seus relacionamentos. Precisamos tratar as crianças não de acordo com o que são, mas de acordo com o que esperamos que se tornem.

Uma professora que se sentia muito perturbada pela maneira com que seus alunos magoavam uns aos outros contou que decidiu ajudá-los a se perceber como pessoas que poderiam sensibilizar-se com os sentimentos dos outros. Quando o gira-gira era empurrado com muita força, ela intervinha com "Ei, isso pode machucar! Você pode perceber se está ferindo alguém ao observar seu rosto. Ele parece chateado? Está chorando? Isso o avisará se você forçou a mão".

Uma vez, durante o recreio, ela viu uma dupla de garotos segurando um terceiro no que era para ser uma brincadeira de luta. O garoto que estava por baixo, preso, começou a ficar muito agitado, mas os outros continuaram rindo. Quando ela tentou interrompê-los, os garotos protestaram dizendo que não estavam brigando, mas apenas brincando e se divertindo.

Ela retrucou: "Em uma luta de brincadeira, todo mundo deve estar se divertindo. Vocês precisam perguntar ao garoto de baixo se ele ainda está gostando. Se não, têm de parar". Em resumo, ela nos contou: "Quero que meus alunos saibam que não permitirei que sejam violentos ou sofram violência enquanto eu estiver por perto".

4. **As crianças não nascem com diferenças de personalidade reais? Notei que alguns de meus alunos realmente são mais impulsivos, tímidos ou agressivos que outros. Não estão desempenhando determinado papel.**

Só porque uma criança nasce com uma predisposição genética específica, não significa que ela tem de ficar aprisionada por isso. A criança "impulsiva" precisa aprender a desacelerar-se e levar em conta as conseqüências de suas ações; a criança "tímida" precisa experimentar o prazer de aproximar-se dos outros; a criança "agressiva" precisa aprender como se relacionar com os outros pacificamente. Devemos ajudar todas elas a tornar-se o que podem vir a ser.

História de uma professora

A experiência seguinte mostra o que pode acontecer se uma professora está determinada a enxergar seu aluno sob uma nova luz.

Rui era um garoto grande e antipático de 10 anos de idade, muito maior que qualquer outra criança de minha classe. Por causa de seu tamanho, gerava expectativas de ser mais maduro, mas comportava-se como um barulhento tolo. Ele trombava com as crianças, empurrava-as, arremessava-se para todos os lados, corria para o corredor gritando se escutava alguém chegar. Fazia qualquer coisa para chamar a atenção. Se isso não funcionava, começava a dizer bobagens em voz alta.

As crianças também não gostavam dele, que tentava sempre fazê-las sentir-se "por baixo": "Você não sabe isso? Como você é idiota!" Nos passeios da escola, insistia em ocupar dois assentos do ônibus. No refeitório, mastigava seu sanduíche com a boca aberta e esticava a língua com pedaços semimastigados, rindo.

Peguei-me pronunciando seu nome repetidamente, cada vez com mais desagrado: "Rui, pare!... Rui, fique quieto!" Às vezes, eu o arrastava de volta para sua cadeira: "Rui, SENTE-SE!!" A mensagem subliminar em minha voz era "Eu não gosto de você... Sua simples presença me desagrada... Você é *irritante!*"

Uma vez fiquei tão exasperada com ele que fiz um gesto de me arrancar os cabelos! O olhar de Rui acendeu-se de prazer. Com um grande sorriso, ele comentou: "Estou deixando você louca, não é, professora?" Ele conseguia seu objetivo. E não somente comigo. Cada professor da escola sabia seu nome e todos o detestavam. Na hora do almoço trocávamos histórias sobre Rui. Estava ficando famoso na escola. De uma maneira horrorosa isso era quase engraçado.

Ele era tão disruptivo que ponderei se consultaria o orientador ou o psicólogo da escola sobre ele. Havia, porém, uma parte teimosa em mim que decidira "assumi-lo". Eu sabia que, para que houvesse a mínima possibilidade de mudança em Rui, eu precisaria alterar minhas táticas. Também percebia que não poderia realizar isso mecanicamente. Teria de achar pelo menos uma qualidade em Rui que eu genuinamente gostasse ou admirasse. Sem algum sentimento real por ele, todo o processo seria um exercício de manipulação. Talvez fosse melhor que nada, mas eu esperava mais.

No dia seguinte, como uma águia, observei Rui. A única coisa que o salvava era um talento para desenhar. Ele podia olhar qualquer objeto e reproduzi-lo acuradamente. Filipe tinha uma coordenação olho–mão muito deficiente e mal se podiam decifrar seus desenhos. Assim mesmo, ele apontou para seus garranchos e disse para Rui: "Olhe, aqui está o homem prestes a atirar no dinossauro".

Eu pensei que Rui faria pouco dele, mas, em vez disso, ele apenas sorriu, simpático, e, apontando para os garranchos, disse coisas encorajadoras como "É, e tem um alienígena vindo de uma espaçonave". Aquilo me tocou. Então o Rui podia ser doce. Até mesmo generoso! Talvez fosse porque se sentisse seguro na área artística.

Daquele momento em diante, eu me lancei em minha "campanha de positividade". Comecei a escolher o Rui para pequenas tarefas como apagar a lousa ou arrumar os atlas em ordem alfabética ou alimentar a tartaruga, sempre agradecendo-o por me ajudar. Descobri que Rui gostava de animais. Coloquei-o como responsável pelos hamsters naquela semana e disse-lhe que os animais pareciam adorar quando ele os pegava porque era tão gentil. Ele ficou radiante.

Comecei a trabalhar então para que as outras crianças da classe passassem a enxergá-lo de maneira diferente. Quando alguém precisava de ajuda, eu dizia: "Ah, deixa o Rui mostrar para você como isso funciona. Ele é bom em frações" ou "Rui, você sabe bastante sobre animais. Que tipo de cachorro pode ser um bom cão de guarda?" Eu esperava que elas pensassem que, já que a professora já não o via como uma peste, talvez ele realmente não o fosse.

Quando eu tinha de repreendê-lo, eu tentava começar por algo positivo: "Rui, sei como é difícil esperar, mas o Filipe precisa terminar de falar" ou "Rui, sei que não é fácil controlar-se e permanecer sentado, mas neste momento preciso de todos sentados e prestando atenção". Depois de um tempo, ele começou a dizer "Veja, professora, estou me controlando!" ou "Veja, esperei minha vez" ou "Eu queria pular, mas não pulei". Eu sempre respondia rápida e calorosamente, "É, eu percebi" ou "Isso é difícil de fazer".

Então, comecei a escrever bilhetes para sua mãe:

Prezada Sra. Beatriz,
Rui foi o responsável pelos animais de nossa classe durante este mês e
todos eles estão limpos, bem alimentados e felizes.

Cordialmente,
Eliane

Rui amou aquilo. Ele me pediu para falar com os outros professores sobre ele agora. Eu fiquei contente em fazê-lo:

Prezada Sra. Carina,
Rui desenhou um mapa do Brasil e preencheu-o com todas os Estados e
capitais.

Dessas pequenas mudanças no meu comportamento vieram
grandes mudanças no de Rui. Ele ficou muito ligado a mim afeti-
vamente. Parou de perturbar, empurrar e caçoar das outras crianças. Prontificava-se sempre a ajudar alguém a desenhar, ler ou carregar algo. Quando seu novo amigo, Filipe, não teve dinheiro para
um passeio da classe, Rui ficou desanimado e mais tarde, durante
a semana, emprestou para ele o dinheiro. Tornou-se jogador do time. O inimigo de todos tornou-se o amigo de cada um. Ele com-
partilhava seu sanduíche, bala, qualquer coisa. Era o "sr. Sociabili-
dade". Ele ainda falava alto e provocava atrito, mas agora essas
características estavam combinadas e temperadas com atitudes sociais desejáveis.

Os outros professores perceberam os sentimentos de Rui por
mim e passaram a usar isso para controlar seu comportamento. Eles
diziam: "Se você não parar com isso, vou contar para a professora
Eliane" e ele parava no mesmo instante. Ele não queria que nada
de ruim sobre ele chegasse até mim.

Mas no final seu novo comportamento nunca tocou os outros
professores. Eles ainda não gostavam dele e ele não sairia de seu
antigo papel para ser cooperativo ou agradável com pessoas que o

tratavam como se fosse uma praga. Não se conseguia intimidar o Rui para que se comportasse melhor se ele sentisse que você não se importava com ele. Você tinha de apreciá-lo para ganhar o apreço dele.

7

A parceria
família–educador

Foi um dia difícil. A tensão e agitação de ver um pai depois do outro me deixou esgotada. E eu ainda tinha uma longa noite de encontros pela frente. Não havia tempo de ir para casa. Dirigi até um pequeno restaurante na cidade, com a esperança de jantar sossegada e relaxar antes da próxima leva de pais.

A pessoa que estacionou o carro ao lado do meu parecia conhecida. Logo que a luz bateu em seu rosto o reconheci. "César", chamei, "Estou tão contente em vê-lo. O que você está fazendo aqui?"

César sorriu: "Provavelmente o mesmo que você. Eu tenho mais três reuniões marcadas para hoje à noite e preciso me recarregar. Que tal sentarmos juntos? Quero saber como a estão tratando na nova escola".

Adeus jantar sossegado. Quando entramos, procuramos uma mesa vazia no restaurante lotado. Não havia nenhuma. Vimos alguém nos acenando e chamando: "Elisa! Aqui!" Era a Júlia, uma amiga do colegial que tinha se mudado havia vários anos, e sua irmã mais velha, Marta.

"Não se assuste", disse Júlia. "Estou aqui por alguns dias visitando a Marta. Sente-se conosco."

213

Fiz um gesto em direção ao César, tentando indicar que estávamos juntos. Júlia entendeu e mostrou duas cadeiras vazias em sua mesa.

A primeira parte da nossa conversa foi uma troca de apresentações e para colocar as novidades em dia. Percebi que Júlia era mãe solteira, estava sozinha e bem, e seu "bebê" tinha 6 anos. O filho mais velho de Marta já era adolescente. Expliquei que César e eu éramos ex-colegas de trabalho, que eu havia sido transferida para uma nova escola e ele continuava na anterior, e que nós dois estávamos em um intervalo entre reuniões de pais e mestres.

"Reunião de pais e mestres?", perguntou Júlia com desagrado. "Eu tenho uma na próxima semana e não estou nem um pouco entusiasmada."

Era um comentário estranho. Depois que fizemos o pedido, eu disse: "Parece que você teve uma má experiência na sua última reunião".

Júlia levantou os olhos e suspirou.

Fiquei curiosa, mas não queria me intrometer. César não tinha tais cerimônias. "Por quê? O que aconteceu de errado?"

"Não sei se você entenderia", respondeu Júlia nervosa. "Você não é mãe."

"Reconheço que não", disse César, "mas, de todo modo, tente me contar."

Júlia fez uma pausa. Então ela começou: "Não sei se consigo explicar, mas olhe: acho que minha filha, Rebeca, é uma boa menina, mas quando fui à última reunião e a professora me disse, com um sorrisinho falso: 'Bem, para ser sincera, Rebeca é um pouco desorganizada e ela nem sempre diz toda verdade', eu fiquei louca da vida. E, mais tarde, quando cheguei em casa, comecei a olhar para Rebeca de forma diferente e a me perguntar se ela tinha me enganado e se, na realidade, ela era mentirosa e desorganizada".

Fiquei consternada com a experiência de Júlia: "Isso é horrível", comentei. "Você saiu da reunião duvidando de sua filha."

"E talvez eu nem devesse dizer isso", continuou Júlia, "mas os professores têm a capacidade de me fazer sentir como se qualquer coisa de errado com minha filha fosse minha culpa. Se eu fizesse isso ou fizesse aquilo, ou ficasse mais tempo com ela, ou fosse uma mãe melhor, Rebeca seria uma criança melhor. E isso pode parecer bobo, mas às vezes eu sinto que alguns professores se acham melhores que eu porque têm educação superior, e eu não."

César levantou as sobrancelhas: "Não pode ser!", disse irônico.

"Não menospreze o que a Júlia está tentando lhe dizer", disse Marta, gesticulando com a mão. "Tenho diploma superior e também sou a vice-presidente da minha firma. Mas sei muito bem como me sinto quando sou colocada naquelas cadeiras de criança, do outro lado da mesa da professora, e tenho de me sentar lá enquanto ela fala da pouca capacidade que meu filho tem de ouvir. Em menos de um minuto eu fico reduzida, de novo, a uma menininha assustada, levando uma bronca da professora."

"Um momento", pedi. "Estou ficando confusa. Não é essa a minha idéia de como uma reunião deveria ser – somente o professor dizendo o que há de errado com o seu filho. Não... Para mim, uma reunião deve ser uma via de mão dupla. Nós, professores, queremos ouvir os pais. Nós precisamos disso. Esse é o objetivo da reunião. Suas idéias são bem-vindas."

"Verdade?", exclamou Marta com desdém. "Então por que me sinto como se pisasse em ovos antes de ousar dar a menor sugestão? Porque, Deus me livre de acontecer de eu ofender a professora ao sugerir que ela faça algo diferente, se ela ficar com raiva de mim, sei muito bem que vai descontar no meu filho."

"Marta, isso não é justo", protestei, "nem mesmo é verdade!"

Marta me ignorou. "Mas o que me pega, mesmo", continuou, "é quando os professores usam aquele tom de superioridade: 'O problema com o Michel é blablablá... Sei que você trabalha, mas se você pudesse passar um pouco mais de tempo com ele...' Ou: 'Se o Michel não começar a prestar atenção agora, ele não vai conseguir fazê-lo no ano que vem'. E o que sempre me deixa com sentimento de culpa e desamparada é: 'Sinto muito dizer, mas seu filho não está utilizando seu potencial'."

Fiquei atônita e envergonhada com os comentários da Marta. Essa noite eu diria essas mesmas palavras aos pais. Meu primeiro impulso foi lançar-me em uma longa defesa de mim mesma e de meus colegas, mas decidi tomar outro rumo: "Há algo mais que a incomoda?", perguntei calmamente.

Marta aproveitou minha pergunta: "Sim! Eu odeio quando usam jargões de professor, que fazem a gente se sentir uma idiota. 'Se você quer que o Michel decodifique os fonemas e os encontros consonantais (tradução: leia), então você precisa passar uma hora toda noite com ele, ajudando-o com o programa de leitura'".

Júlia acrescentou: "E que pai tem uma hora à noite, depois de trabalhar o dia todo, fazer as compras e a limpeza? Sei que depois de fazer o jantar, lavar a louça, cuidar da roupa e colocar o pijama na Rebeca, estou tão cansada que só dá para lhe contar uma historinha na hora de dormir".

Marta concordou. "Mas o que realmente me irrita é que os professores não se preocupam em se comunicar com os pais. Eu nunca sou avisada até que o problema esteja tão sério que seria preciso um milagre para resolvê-lo, como quando o Michel estava na quinta série e parou de fazer suas lições de estudos sociais. O professor não se preocupou em me informar até faltar apenas uma semana para sair o boletim. Como uma criança consegue fazer 15 lições em uma semana?"

Isso era mais do que eu podia suportar. "Um momento. Tudo que você diz pode ser verdade, mas, por favor, entenda. O professor pode ter mais de 30 alunos numa classe, cada um deles exigindo atenção. É irreal achar que os pais devam ser chamados à escola toda vez que o aluno se atrasa numa lição."

Muito friamente, César perguntou: "O que exatamente vocês, pais, querem dos professores?"

Marta encarou César e respondeu: "Respeito. Eu gostaria que os professores tratassem a mim e a meu filho com o mesmo respeito que eles querem para si".

Eu podia ver César enrubescendo. "Respeito?", retrucou bruscamente. "Que tipo de respeito os professores recebem? Todo mundo descarrega na gente. Somos responsabilizados por tudo que dá errado e apanhamos de todos os lados. Os pais reclamam de nós, as crianças são rudes, o diretor exige que cumpramos mais e mais o currículo, o administrador nos cobra mais criatividade ao mesmo tempo que corta nosso orçamento para o material essencial, as faculdades estão insatisfeitas conosco, porque os alunos não estão preparados para o trabalho acadêmico, e as empresas nos incriminam por enviar-lhes formandos que não estão qualificados. Mas será que alguém realmente apóia a educação? Alguém está disposto a pagar aos professores o que eles merecem? As pessoas nesta cidade nem mesmo votaram na reforma do ensino."

Júlia ficou boquiaberta. As pessoas da outra mesa se viraram para nos olhar. Eu me senti mal. Dessa vez César tinha ido longe demais. Mas Marta não se intimidou com desabafo de César. "Bem, eu votei a favor da reforma", respondeu com firmeza, "e, se dependesse de mim, vocês professores teriam um grande aumento salarial e toda a verba para a compra de todo o material de que precisassem. Mas o que a Júlia e eu estamos tentando dizer é que nós, pais, nos sentimos desrespeitados e excluídos da educação de nossos filhos. É verdade que não temos sua experiência profissional, mas nós temos muito com que contribuir – se vocês nos permitirem. Nós queremos ajudar!"

"Os pais? Ajudar?", explodiu César. "Como aqueles que não vão às reuniões para não perder um programa de TV? Ou os que estão embriagados ou drogados demais para se importarem? Ou os pais que acham normal deixar que um filho falte à escola para cuidar de um irmão menor? Ou os pais que nos pressionam a dar notas altas para seus filhos, para que permaneçam em evidência?"

Marta apenas disse: "Você está sendo injusto com os pais". Ela se voltou para mim: "Elisa, essa tem sido a sua experiência?"

Eu queria desesperadamente esfriar a conversa, mas Marta queria saber a verdade e de repente senti necessidade de contar-lhe: "Não exatamente. Tive pais com quem era um prazer trabalhar, mas há alguns para os quais eu hesitaria em levar um problema. Certa vez disse a um pai que seu filho era malcomportado e naquela noite ele foi espancado. E atualmente há um casal que está no meio de uma disputa pela guarda da criança. É óbvio para mim que esse menino tem alguns problemas sérios, mas durante a reunião tudo que fizeram foi culparem-se mutuamente e tentarem me fazer tomar partido... Acho que hoje em dia os pais estão tão estressados e sofrem tanto com sua vida pessoal que lhes é difícil focalizar os filhos. Acho que tenho de ouvir seus problemas antes que eles possam começar a falar sobre qualquer dificuldade que seus filhos possam estar apresentando".

Marta acalmou as mãos: "Desisto. De acordo com vocês dois, nós, pais, somos uma turma de egoístas e irresponsáveis".

"Nada pessoal", respondeu César. "Nós só estamos desabafando... É claro que há pais maravilhosos por aí. Eles fazem o melhor que podem e ainda mais. O que você está ouvindo são os anseios de dois professores frustrados que se importam muito com seus filhos e estão aborrecidos porque nem sempre recebem o apoio que precisam dos pais."

Todos ficamos em silêncio. Com muita cautela, Júlia revelou: "Sempre que vou a uma reunião, estou preocupada com o que o professor dirá sobre minha Rebeca. Nunca me ocorreu pensar no que o professor poderia estar sentindo ou do que precisaria".

"Bem, para fazer justiça, talvez devêssemos pensar sobre isso", concedeu Marta... "Elisa, o que exatamente você gostaria que nós, pais, fizéssemos?"

A pergunta me pegou de surpresa. Pensei um momento e respondi: "Informação sincera – sobre como a criança é em casa, quais são seus interesses, suas preocupações... qualquer coisa que você possa me contar que me ajude a entendê-la melhor. Se há algum problema, eu gostaria que o pai quisesse pensar e trabalhar comigo para que fizéssemos o que é o melhor para a criança".

Marta concordou. "E você, César, o que espera dos pais?"

"Retorno", respondeu César. "Quero saber se algum dos meus esforços para o bem de seu filho está tendo impacto. O que ele tem a dizer sobre a escola? E sobre mim? Sem algum retorno é difícil tomar uma decisão inteligente sobre o que é preciso ser feito."

"Não discordo de você", disse Marta.

César encostou-se na cadeira, estendeu o braço em um gesto de cortesia. "Tudo bem, Marta, é a sua vez. Você tinha algumas coisas a dizer sobre os professores. Faço-lhe a mesma pergunta: o que exatamente os pais esperam de nós professores?"

Marta falou lentamente: "Para mim, o mais importante é sair da reunião com algo concreto. Alguma imagem de meu filho que me faça sentir bem com ele. Acho que os professores não têm a menor idéia do poder que têm ou do efeito de suas palavras. A maioria dos pais tem pouca experiência com crianças no decurso de suas carreiras. A imagem que o professor faz da criança tem um peso enorme para os pais. Quando um professor lhe diz que seu filho é, de algum modo, excepcional – para positivo ou negativo – você o leva a sério. E você leva as palavras para casa com você".

"Lembro-me como ficava irritada e aborrecida com o Michel quando ele estava na pré-escola porque ele era tão resmungão e grudado, e não independente e extrovertido como os outros meninos de 4 anos. Mas quando tive uma reunião com sua professora, tudo mudou para mim. Ela sorriu com prazer e me disse: 'Estou tão feliz de encontrar a mãe do Michel! Ele é um menininho tão caloroso e carinhoso!' Suas palavras entraram em mim como uma luz. Eu nunca tinha pensado nele dessa forma. Essa imagem que ela me deu do meu filho me pareceu sincera e me ajudou mais do que ela poderia imaginar."

Fiquei emocionada com a história de Marta. Voltei-me para Júlia e perguntei: "E você? "O que gostaria de uma reunião de pais, Júlia?"

"Eu gostaria de sair com algo que pudesse dizer à minha filha que lhe desse mais autoconfiança... Algo que eu pudesse repetir à Rebeca quando ela olhasse para mim com os olhos arregalados e perguntasse 'O que a professora disse de mim?'"

O tempo passou rápido. Conversamos francamente e compartilhamos o que era mais importante para cada um de nós em nosso papel de pai ou professor e como imaginávamos a reunião ideal – primeiro da perspectiva dos pais e então pela do professor.

Nas páginas seguintes, você encontrará representadas as situações que imaginamos.

A REUNIÃO IDEAL DO PONTO DE VISTA DOS PAIS

A REUNIÃO IDEAL DO PONTO DE VISTA DOS PAIS

A REUNIÃO IDEAL DO PONTO DE VISTA DO PROFESSOR

A REUNIÃO IDEAL DO PONTO DE VISTA DO PROFESSOR

EM VEZ DE ME DIZER O QUE DEVO FAZER,	**COMPARTILHE O QUE ESTÁ DANDO CERTO EM CASA**
VOCÊ NÃO DEVIA PEDIR PARA A CÁTIA LER MUITAS PÁGINAS DO LIVRO POR VEZ.	*PARECE QUE A CÁTIA SE SENTE MENOS SOBRECARREGADA QUANDO TEM DE LER SOMENTE ALGUMAS PÁGINAS POR DIA.*
EM VEZ DE SE RECUSAR A COOPERAR,	**AJUDE A DESENVOLVER UM PLANO.**
VOCÊ ACHA QUE PODERIA LEVAR A CÁTIA A UMA BIBLIOTECA? *ATUALMENTE ESTOU MUITO OCUPADA.*	*VOU ESTABELECER UM HORÁRIO PARA LERMOS JUNTAS. VOU LIGAR PARA VOCÊ E MANTÊ-LA INFORMADA.* — *POSSO ENVIAR-LHE TODA SEXTA UM BILHETE CONTANDO OS PROGRESSOS DA CÁTIA.*
EM VEZ DE SE ESQUECER DO QUE COMBINAMOS,	**VAMOS CUMPRI-LO E MANTER CONTATO.**
AH, EU TINHA DE LHE TELEFONAR? ESQUECI COMPLETAMENTE.	*A CÁTIA GOSTA MUITO DE QUANDO LEMOS JUNTAS! E NESTE FIM DE SEMANA VAMOS À BIBLIOTECA PARA RETIRAR MAIS LIVROS.*

Depois de compartilhar nossas versões sobre a reunião ideal, percebemos quanto nossas necessidades eram similares.

- Ambos – pais e professores – precisamos de reconhecimento, informação e compreensão.
- Ambos necessitamos que nossos esforços sejam reconhecidos.
- Ambos gostamos de respeito.
- Ambos precisamos trabalhar juntos, com apoio mútuo e procurando o melhor em cada uma das crianças, para que possamos oferece-lhes o melhor.

Quando chegou a hora de partir, nos despedimos com relutância. Acho que em nós quatro pesava a enormidade da disputa emocional por que tínhamos passado na curta horinha da refeição juntos. Tínhamos começado em pólos opostos. Eram pais contra professores. Nós contra eles. No entanto, naquele momento, estávamos todos do mesmo lado, no mesmo time, unidos pelo compromisso comum com o bom desempenho de nossas crianças e pela determinação de nunca desistir de nenhuma delas.

Lembrete

A reunião ideal

Em vez de começar com o que está errado...

1. COMECE DESCREVENDO O QUE ESTÁ DANDO CERTO.

   PROFESSOR(A): "Gosto das perguntas inteligentes do Beto."

   PAI/MÃE: "O Beto gostou das aulas que você deu sobre foguetes."

Em vez de apontar o que a criança não fez...

2. DESCREVA O QUE A CRIANÇA PRECISA FAZER.

   PROFESSOR(A): "O Beto precisa fazer as lições da semana em que faltou por estar doente."

   PAI/MÃE: "Acho que ele está se sentindo sobrecarregado. Provavelmente precisará de alguma ajuda extra para poder alcançar a classe."

Em vez de omitir informação...

3. COMPARTILHE AS INFORMAÇÕES PERTINENTES.

   PAI/MÃE: "Ele costumava brincar ao ar livre quando chegava em casa. Agora ele só fica na frente da TV."

   PROFESSOR(A): "Tenho notado que ele anda bocejando muito na aula ultimamente."

Em vez de dar conselhos um ao outro...

4. DESCREVA O QUE FUNCIONOU EM CASA OU NA ESCOLA.

   PAI/MÃE: "Desde que ele esteve doente, parece que produz mais se faz um pequeno intervalo a cada 15 ou 20 minutos."

   PROFESSOR(A): "Reparei que ele tem mais energia depois do recreio."

Lembrete

Em vez de desistir de uma criança...

5. DESENVOLVAM JUNTOS UM PLANO.

PROFESSOR(A): "Pedirei a outro aluno que ajude o Beto com as lições que ele perdeu. E vou cuidar para que tenha intervalos mais freqüentes."

PAI/MÃE: "Vou cuidar para que ele assista menos a TV, faça exercícios e fique um pouco ao ar livre".

Em vez de terminarem a reunião com um tom negativo...

6. TERMINEM A REUNIÃO COM UMA DECLARAÇÃO POSITIVA, QUE POSSA SER REPETIDA À CRIANÇA.

PROFESSOR(A): "Diga ao Beto que tenho confiança que ele será capaz de recuperar as lições atrasadas. Diga também que gosto de tê-lo na minha classe."

PAI/MÃE: "Vou dizer. Ele ficará contente em ouvir isso."

Em vez de se esquecer do que combinaram depois da reunião...

7. CUMPRA O QUE FOI PLANEJADO.

PROFESSOR(A): "O Jorge tem ajudado o Beto e ele está quase em dia. Parece que ele está com mais energia ultimamente."

PAI/MÃE: "Minha mulher/meu marido começou a correr e o Beto a/o tem acompanhado."

Perguntas e histórias de pais e professores

Perguntas dos pais

1. É uma boa idéia a criança estar presente na reunião? Acho que meu filho poderia beneficiar-se de estar lá.

No começo da reunião, você e o professor precisam de liberdade para conversar abertamente sem se preocuparem com os efeitos que suas palavras poderiam ter sobre seu filho. Enquanto isso, ele pode esperar fora da sala, ler na biblioteca ou brincar no parquinho.

No entanto, em certo ponto pode ser útil convidá-lo a participar da reunião. Tenha consciência de sua posição vulnerável. Mesmo com pouca idade ele tem de lidar com dois dos mais poderosos e significativos adultos de sua vida – simultaneamente! Ajuda se você puder começar compartilhando com ele as informações positivas que ambos trocaram até o momento. Por exemplo:

PAI/MÃE: "Eu contei para seu professor como nós em casa aprendemos com você sobre a floresta amazônica, desde que começou o seu trabalho sobre ela."

PROFESSOR: "Eu estava falando para seu pai/sua mãe como todas as crianças gostaram das figuras que você trouxe – especialmente aquela do sapo de olhos vermelhos."

A reunião pode terminar aí. Mas suponha que há algo que precisa melhorar. Suponha que seu filho sempre adia o que tem de fazer ou tem dificuldade em organizar seu trabalho. Você ou o professor podem puxar o assunto:

PROFESSOR: "Ainda há muito trabalho a ser feito antes que você faça a apresentação final para a classe. Vamos conversar sobre como realizar isso."

Daí em diante vocês três podem discutir como organizar e programar os vários passos envolvidos para completar um trabalho escolar. O professor poderia dizer:

"Você acha que ajudaria se eu estabelecesse alguns prazos parciais para você, como a data de entrega das fichas de anotações, seu resumo e o primeiro rascunho de seu relatório?"

Você poderia continuar: "Ajudaria se eu deixasse você na biblioteca algumas tardes nesta semana para você começar sua pesquisa?"

Seu filho poderia oferecer-se: "Talvez eu escreva uma lista de tudo que eu tenho para fazer, coloco uma data ao lado e então risco o que já tiver feito".

Você saberá se a reunião com vocês três foi bem-sucedida se seu filho sair esperançoso e motivado.

2. **Minha filha Bia é mais para tímida. No ano passado ela teve uma professora que incentivava amizades na classe. Este ano ela tem uma professora nova e está numa classe com a maioria de alunos novos. Ela não reclama, mas sei que está solitária e infeliz. Qual é a melhor forma de falar com sua professora para conseguir ajuda?**

Prepare-se. Pense com antecedência no que a professora poderia fazer para ajudar sua filha a se relacionar com outras crianças. Há alguma atividade de classe que ela poderia compartilhar com outro aluno – por exemplo, como ajudante ou co-editor de jornal da classe? E não se esqueça de perguntar se há algo que você pode fazer para ajudar – seja com a peça ou o trabalho de artes. Não exija uma resposta imediata. A professora precisa de tempo para analisar suas idéias e possivelmente chegar a algumas idéias próprias.

3. **Em minha última reunião, a professora me disse que o Raul era preguiçoso e não cooperava. Fiquei muito chateada, mas não sabia como reagir. Se isso acontecer de novo, há algo que eu possa fazer?**

É importante estar armado com lápis e papel quando for a uma reunião. Se o professor disser algo negativo sobre seu filho, você pode perguntar qual comportamento específico o fez ter esse julgamento: "Preguiçoso? Em que sentido?"

Suponha que o professor responda: "Ele é o único na aula de artes que deixa os pincéis sujos e os vidros de tinta abertos".

Enquanto você escreve, diga: "Raul precisa limpar seus pincéis e tampar os vidros de tinta antes de sair da sala de artes".

Suponha que o professor continue dizendo: "E ele também não coopera".

Pergunte de novo: "Exatamente com que ele não coopera?"

Se o professor responder: "Ele nunca fica quieto na hora da leitura". De novo, enquanto escreve, diga: "O Raul precisa controlar sua vontade de falar na hora da leitura".

Ao "traduzir" os comentários negativos do professor para o que *precisa ser feito*, você ajudará a orientar o professor, a si mesmo e seu filho numa direção mais positiva.

4. **Este ano, minha filha Maria, que estava em uma classe especial, foi transferida para uma classe comum. Seu professor acredita que pode exigir muito dos alunos e sempre teve bastante sucesso com eles. Ele está convicto de que isso ocorre graças a suas altas expectativas. Maria é esforçada, mas mal está acompanhando. Seu professor está irritado com ela e ela está ficando muito desanimada. O que posso fazer?**

Nossas expectativas deveriam ser altas, mas realistas. Fazemos um terrível desserviço às crianças quando insistimos que elas conseguem fazer o que não são capazes e as mandamos tentar mais. Um aluno que não sabe soma e subtração não será capaz de multiplicar ou dividir, independente de quão elevadas sejam as expectativas de seu professor. Se Maria está sobrecarregada com as exigências do professor, então você precisa ajudá-lo a entender os conhecimentos atuais dela e encorajá-lo a subdividir seus objetivos maiores em tarefas menores, que ela consiga fazer, para que ela possa vivenciar o sucesso, num passo de cada vez.

5. **Outro dia meu filho chegou muito agitado da escola. Ele disse que sua professora o odiava. Eu não soube como responder. O que vocês sugerem?**

Depois de reconhecer seu sofrimento, ouça o que ele tem a lhe dizer. Às vezes, o problema pode ser identificado e aliviado facilmente. "Ah, então você ficou com vergonha porque ela gritou com você na frente de todo mundo, porque você pegou o grampeador da gaveta dela. Você gostaria que ela o tivesse chamado de lado e falado baixinho... E aposto que você gostaria de ter pedido emprestado antes..."

Se seu filho não lhe der uma imagem clara do que aconteceu na escola e continuar a reclamar que sua professora o odeia, então você precisa conversar com ela, que, provavelmente, dirá o que está ocorrendo e vocês podem enfrentar juntos os problemas. No entanto, se no decorrer da conversa você sentir, não só por sua fala, mas por sua atitude geral, que ela não gosta de seu filho, então confie em sua intuição. Tome as providências necessárias para mudar seu filho de classe. Os professores são seres humanos. E alguns – por qualquer razão, racional ou irracional – simplesmente não gostam de certas crianças. Não é culpa de ninguém. Mas nenhuma criança deveria ter de passar seus dias sentada numa classe com um professor que não gosta dela.

Histórias dos pais

Nesta história a mãe de uma criança bem-dotada conta que descobriu um modo de trabalhar com uma professora rígida.

Quando Rute entrou na quinta série, parece que perdeu todo interesse pela escola. Conversando com ela, percebi que estava evidentemente aborrecida. De acordo com Rute (com capacidade de leitura equivalente à de uma criança mais velha), sua professora, dona Paula, insistia que ela lesse o mesmo livro que os outros e ela nunca, sob qualquer circunstância, poderia se adiantar na leitura.

Lembrei-lhe que ainda era o começo do ano e pedi que tivesse paciência, mas realmente fiquei preocupada quando ela começou a se queixar de dores de cabeça e a procurar qualquer pretexto para deixar de ir à escola.

Liguei para a professora e marquei um encontro. A reunião não transcorreu bem. Eu contei à professora que sentia que Rute precisava de mais desafios. Ela retrucou que Rute precisava era de mais autocontrole. De acordo com ela, minha filha era inquieta e constantemente distraía os outros alunos que estavam tentando estudar. Eu comentei: "Talvez ela fique inquieta por terminar antes e ficar com tempo sobrando. Talvez ela possa receber outros textos para ler".

Dona Paula parecia contrariada e me informou que não havia motivo para Rute fazer lições diferentes das de seus colegas. Também fez questão de dizer que ensinava havia 23 anos e que o currículo adotado era muito efetivo para ensinar o básico. Eu quase retruquei: "Esse é o problema. Rute já sabe o básico. Que mal haveria em dar-lhe algo mais?" Mas não disse nada. Mordi a língua, agradeci educadamente e fui para casa me sentindo um lixo.

Quando contei para meu marido sobre a reunião, ele comentou: "A dona Paula provavelmente acha que você é uma dessas mães abusadas. Talvez você deva conversar com o diretor para mudar a Rute de classe".

Considerei seriamente sua sugestão, mas, quanto mais pensava nisso, mais sentia que seria errado afastar Rute de seus amigos.

Na manhã seguinte, acordei pensando que eu tinha de encontrar um modo de ajudar minha filha sem ofender sua professora. Telefonei para minha cunhada, que é professora, e lhe contei o que estava acontecendo. Ela resmungou algo sobre professores que ainda estavam na Idade Média e então me contou sobre o programa que usava com os alunos mais adiantados em leitura. Ela recomendou alguns livros para Rute e mencionou um para professores que apresentava algumas formas simples de avaliar a leitura de alunos que estudam de modo independente. Chama-se *Responding to literature**. Eu anotei tudo que ela disse e fui comprar o livro.

Na semana seguinte, telefonei para dona Paula e perguntei se poderíamos marcar outro encontro. Ela, fria e reservada, respondeu que já havíamos nos encontrado e que não via a necessidade de outro. Insisti, dizendo-lhe que era importante nos vermos novamente. Finalmente ela concordou.

Na hora marcada, eu estava muito nervosa. Não queria fazer nada para contrariá-la mais uma vez. Comecei dizendo quanto eu tinha ficado chateada ao saber que a Rute não estava se comportando bem na classe e como eu estava preocupada com sua recente mudança de atitude em relação à escola. Então lhe contei que eu tinha tentado encontrar algumas idéias que talvez pudessem ajudar nessa situação e perguntei se ela gostaria de ver o que eu tinha escrito.

Ela não pegou o papel que lhe ofereci. Continuava sentada com a mão no queixo. Então escolhi alguns itens e os li para ela – como deixar a Rute escrever um final diferente para o livro que todos estavam lendo ou ler outros livros do mesmo autor e compartilhar o que aprendeu com a classe. Também mostrei o livro que minha cunhada tinha recomendado, sem mencionar tal fato.

Finalmente eu disse: "Dona Paula, estou no meu limite. Não sei mais o que fazer para ajudar a Rute. É por isso que solicitei outra reunião. Gostaria de saber o que a senhora pensa de todas essas sugestões. Com todos seus anos de experiência, a senhora certamente tem muitas outras idéias".

---

* SIMONS, Sandra M. *Responding to literature. Writing and thinking activities.* Eugene: Spring Street Press, 1990.

Antes que ela pudesse dizer uma palavra, acrescentei: "E vou falar com a Rute sobre atrapalhar a classe. Não importa quanto ela está inquieta, a senhora não tem obrigação de agüentar isso".

A professora continuava a olhar para mim em silêncio absoluto. Então ela se levantou e disse: "Ouvi o que você tinha a dizer e vou levar suas idéias em consideração". Então ela perguntou se eu poderia lhe emprestar o livro (Eu não conseguia acreditar!) e me agradeceu por ter vindo.

Apertamos as mãos. Isso foi há um mês. Não tenho idéia do que a dona Paula está fazendo com a classe. Só sei que Rute parece estar gostando da escola outra vez. E suas dores de cabeça matinais desapareceram.

Perguntas dos professores

1. Alguns pais parecem ter fobia da escola. Eles odeiam ir a reuniões, como se lembranças desagradáveis de sua vivência escolar os incomodassem muito. Há alguma forma de ajudá-los a se sentir mais à vontade?

Uma atitude receptiva e calorosa é provavelmente o melhor antídoto a suas ansiedades. Alguns professores descobriram que uma mesa com toalha, uma garrafa de chá ou café e cadeiras para adultos ajudam a criar um clima amistoso. Os pais têm relatado que apreciam em especial portas fechadas. Elas indicam respeito pelo tempo que passam com você.

2. Se os pais são divorciados, qual deles deve ser convidado à reunião?

Convide ambos, para que nenhum deles se sinta ignorado ou excluído. Cabe aos pais decidir se preferem se encontrar com o professor juntos ou separadamente. Em todo caso, é importante usar o tempo da reunião para centrar a atenção não em seu relacionamento, mas em como, separados ou em conjunto, ambos podem fazer o que é melhor para o filho deles.

3. O que posso fazer se um pai vier à reunião e se comportar de forma hostil ou agressiva?

Resista ao desejo natural de racionalizar a raiva do pai. Em vez de "Por favor, tente se acalmar. Não chegaremos a nenhum lugar se continuar gritando", reconheça os sentimentos dele. Mostre que você entendeu a intensidade de suas emoções: "Percebo que está com muita raiva. Por favor, entre e sente-se. Quero ouvir o que pensa".

Com esse tipo de abordagem é mais provável dissipar os sentimentos intensos do pai e permitir que ele diga o que o incomoda.

Você poderá anotar todas suas queixas e lê-las em voz alta para ele saber que você as entendeu. Se, apesar de seus esforços, a raiva dele persistir, você pode marcar um novo horário para a reunião: "Sr. S., noto que ainda está muito chateado. Preciso de mais tempo para pensar no que me disse. Talvez até para me aconselhar com outras pessoas da equipe. Quando podemos nos encontrar de novo?" No próximo encontro talvez você queira uma terceira pessoa presente: o diretor, o coordenador ou o psicólogo da escola.

4. Alguns pais reclamaram comigo que os professores somente os chamam quando há problemas. Devo admitir que eles têm razão. Existe alguma outra maneira?

Os pais gostam de ouvir um pouco de boas notícias. Um professor me contou que no começo do ano, quando as crianças estão com bom comportamento e no início de suas atividades escolares, chama dois pais por noite. Ele salienta os pontos fortes e os esforços de cada aluno. Se surge um problema no decorrer do ano, os canais de comunicação já foram abertos e os pais são muito mais receptivos para ouvir.

5. Como eu termino um encontro de modo cortês com um pai que não pára de falar, mesmo com outros pais esperando para conversar comigo?

É importante que o pai não sinta que sua hora se esgotou e que esteja sendo dispensado. Controle o tempo e dê algum aviso prévio: "Ainda temos cinco minutos. Você gostaria de me falar mais alguma coisa?" Se no fim dos cinco minutos o assunto não tiver terminado, você pode dizer: "Gostaria que tivéssemos mais tempo. Será que podemos conversar por telefone ou marcarmos outro encontro?" Tenha sua agenda à mão e esteja pronto para marcar outra reunião.

História de um professor

Esta história foi contada por um professor de reforço em uma escola fundamental.

Quando Cristiano foi para minha classe de segunda série, pude ver imediatamente que ele era um menino inteligente, articulado, mas se tornou claro, quando o testei, que ele tinha os sinais clássicos de dislexia. Ele não conseguia escrever nem seu nome sem pular letras ou invertê-las. O que eu não entendia era por que ele tinha tantos problemas de conduta – era briguento, mal-humorado, facilmente irritável.

Após algumas semanas decidi ligar para sua mãe para ver se ela poderia me ajudar. Ela veio me encontrar com toda a boa vontade na mesma tarde. Logo que nos sentamos, ela descreveu como toda noite Cristiano se sentava em sua escrivaninha e tentava fazer a lição e chorava e dizia que era burro.

De repente percebi o que estava acontecendo. Ele estava bravo porque estava convencido de que era burro e descontava em si e nos outros.

Expliquei a ela que Cristiano estava longe de ser burro e que ele era, de fato, um menino muito inteligente, que mostrava curiosidade por muitas coisas, mas que, por causa de sua dislexia, ele tinha de superar problemas que a maioria dos alunos não tinha. Também lhe disse que Cristiano estava se esforçando nas minhas aulas e que eu acreditava que ele aprenderia a ler na época certa.

Ela pareceu animada com minha avaliação e perguntou como poderia ajudar. Eu disse que Cristiano precisava que ela compreendesse a frustração dele e acreditasse que lenta, mas certamente, ele progrediria.

Também lhe contei que Cristiano tinha uma mente curiosa e provavelmente se beneficiaria de uma ida à biblioteca, onde ele poderia retirar livros ilustrados sobre assuntos que o interessavam.

À medida que o ano avançava, Cristiano revelou ser bastante esforçado. Eu lhe ensinei uma habilidade fonética de cada vez e lhe mostrei como articular as palavras e todos os truques que ele podia usar para diferenciar uma letra da outra. E pouco a pouco ele aprendeu a ler e soletrar.

Durante todo esse tempo, eu ligava para sua mãe relatando seu progresso e lhe assegurava que o que ela fazia com o Cristiano em casa era percebido na classe. Ela fazia tudo que eu recomendava e ainda mais. Ela encorajava seu interesse por peixes, insetos e rochas (ele sempre recolhia pedras e perguntava qual era). Ela o levava a museus, lia livros com ele e conversava sobre tudo o que o fascinava.

Foi muito útil ao Cristiano eu ter lhe explicado que ele tinha uma incapacidade. O mais difícil para ele foi perceber que outras crianças, visivelmente abaixo de seu nível intelectual, liam, escreviam e soletravam com facilidade e tiravam dez em provas em que ele ia mal. Eu queria fazê-lo entender que ele era uma pessoa muito inteligente que lutava com um problema de aprendizagem chamado dislexia. Então, eu lhe dizia: "Cristiano, é um grande desafio para você fazer esse exercício, porque, quando os outros meninos olham um *b*, eles vêem um *b*, mas quando você vê um *b*, às vezes, seus olhos o enganam e o fazem parecer um *d*. Então isso dificulta tudo. Isso se chama dislexia. Mas você se esforça tanto que mesmo assim você aprendeu".

Cristiano realmente gostava de falar sobre seu "problema de aprendizagem". Ele dizia aos colegas: "Viu? eu tenho dislexia. Quando olho a palavra *dedo*, eu vejo a palavra *bebo*". Depois ele escrevia uma palavra ao contrário de propósito, ria, segurava perto de um espelho e se vangloriava de que conseguia escrever as letras invertidas.

Ele passou a adquirir controle sobre sua dificuldade, vendo-a como algo especial e engraçado.

Em nossa reunião de fim de ano, sua mãe me contou que ele era outra pessoa em casa. Mais alegre, muito mais relaxado. Ela contou que certa vez seu filho estava brincando de escolinha com seu primo mais novo que também tinha dislexia. O primo começou a ficar agitado porque estava tendo dificuldade em escrever uma palavra. Cristiano disse: "Não se preocupe. Eu tinha esse problema, eu posso ajudar. Deixe que eu lhe mostro um truque."

Cristiano está agora na terceira série. Seus professores me dizem que ele ainda lê devagar, mas que sempre participa, tem algo interessante para dizer e, se lhe dão tempo extra, vai bem nas provas.

Sempre que penso nele me sinto bem. Sua mãe e eu o ajudamos a ver que sua dislexia era um desafio que ele poderia superar, em vez de uma incapacidade que poderia estigmatizá-lo e derrotá-lo.

História de pais e professores

A história anterior descreveu como o esforço conjunto de uma mãe e de um professor afetou uma criança. A atual revela o que ocorreu quando toda a escola fez um esforço para atingir os pais da comunidade e envolvê-los na educação dos filhos.

Meu primeiro trabalho em ensino foi em uma comunidade rural de 710 pessoas. Além de um armazém e um pequeno posto de gasolina, as únicas atividades comunitárias aconteciam na escola. Sendo assim, eu pensava que os pais sempre apareciam nas reuniões de pais e mestres e palestras para pais. Não era assim. Na nossa primeira reunião, o auditório estava praticamente vazio. Quinze pais apareceram. Sabendo que tínhamos 139 alunos matriculados na escola, achei que foi um péssimo resultado.

Na manhã seguinte, expressei meu desapontamento para uma colega e ela comentou que eu me acostumaria com o tempo. Pareceu-me ser uma atitude bem derrotista. No final da reunião de professores seguinte, perguntei se alguém se interessava em tentar envolver os pais nas atividades escolares. Algumas pessoas riram e balançaram a cabeça. Alguém disse algo sobre desperdiçar meu tempo e o diretor me deu um sorriso paternal.

Quando a reunião terminou me senti muito boba. Mas depois, duas professoras, Magali e Patrícia, se ofereceram para ajudar. Acho que elas sentiram pena de mim.

No dia seguinte, nós três nos encontramos depois das aulas para ver se conseguíamos elaborar um plano. Patrícia me contou o que havia sido feito antes sem resultados: os folhetos nunca funcionaram. A "chave telefônica" (cada professor telefonando para dez famílias) não foi bem-sucedida porque muitos dos pais não tinham telefone. Até o churrasco na casa da Magali foi um fracasso. Ela disse que convidou 24 crianças e seus pais, mas só vieram seis pessoas. Tive de admitir que isso era muito desencorajador.

No entanto, decidimos ir em frente e planejar uma atividade mensal que de algum modo tornasse os pais mais envolvidos com a escola. Nossa primeira programação foi um encontro social (com bolos e doces oferecidos pela aula de culinária e ingredientes fornecidos por nós três). Enviamos os convites aos pais pelo correio, deixamos folhetos no armazém, no posto de gasolina e no departamento de voluntários dos bombeiros e incentivamos os professores a participar. O resultado foi pequeno, mas no final recrutamos a ajuda de mais dois professores e oito pais. Até o diretor elogiou nossos esforços.

No mês seguinte, fizemos uma "Noite do Espaguete", antes do jogo de futebol de sexta à noite e tivemos um ótimo resultado. Usando a sala das aulas de culinária, cinco professores e oito pais cozinharam espaguete suficiente para aproximadamente cem pessoas. Na verdade, a maioria dos presentes era os jogadores dos dois times, seus pais e familiares, mas todos se divertiram. Antes de a noitada acabar, peguei o microfone e anunciei que na segunda-feira seguinte, nós faríamos uma reunião para planejar o próximo evento e que precisávamos de toda a ajuda que conseguíssemos. Mais cinco pais e três professores se ofereceram. O muro que separava professores e pais começou a rachar e a desmoronar.

Na reunião de segunda-feira, um dos pais sugeriu que escrevêssemos um boletim mensal para manter a comunidade informada sobre as atividades escolares. O diretor ficou tão impressionado com a idéia que se ofereceu para arcar com a despesa de envio. A secretária da escola se ofereceu para digitar e fazer as cópias. Pais e professores se ofereceram para se encontrar na biblioteca da escola para dobrar, grampear e endereçar os boletins.

Esses boletins reverteram a situação. Eles se tornaram o elo entre nós e a comunidade. Os professores os usavam para expressar suas preocupações, assim como os pais. Por exemplo, descobrimos que alguns pais estavam muito preocupados com seus filhos adolescentes que dirigiam 45 km até uma cidade maior nos fins de semana, para se distraírem, e acabavam se acidentando por beber e dirigir. Outros professores se ofereceram para organizar bailes ou outras atividades para que os jovens permanecessem na comunidade.

Quando os pais perceberam que a escola queria suas opiniões e sua ajuda, trouxeram idéias que foram além de nossas melhores expectativas. Eles organizaram e patrocinaram um programa de refeições quentes (nossa escola não tinha verbas para estabelecer seu próprio programa). Eles organizaram uma noite de diversões, transformando o ginásio num parque com várias atrações. Ofereceram-se para ajudar nas classes e tornaram-se um recurso valioso.

As mães trabalhavam com as crianças nas classes de ensino fundamental, um pai deu aulas de desenho mecânico aos maiores, outro pai, que era chefe de cozinha, fez uma demonstração na aula de culinária.

Um grupo de pais, professores e alunos formou um comitê para o "Projeto Formatura" e trabalhou para recolher fundos durante o ano para que os formandos e seus acompanhantes fizessem uma viagem de três dias. Os formandos se divertiram muito e os pais ficaram aliviados porque seus filhos de 18 anos não celebraram a formatura bebendo e dirigindo.

O apoio e o envolvimento dos pais inspiraram os professores a fazer ainda mais. Quando Magali descobriu que alguns pais não sabiam ler, organizou uma classe para eles. Essa atividade foi tão bem-sucedida que de uma noite por semana transformou-se em um programa de educação integral para adultos, em que os pais podiam aprender a escrever e também a cozinhar, costurar e lidar com computadores. Um dos professores ofereceu uma aula noturna para pais que queriam conquistar seu certificado de conclusão, e esse curso também foi muito procurado. Todos os pais que freqüentavam as aulas comentaram que seus filhos se sentiram tão motivados ao verem a mãe ou o pai estudar e fazer lição de casa, que suas notas melhoraram.

O diretor se tornou nosso apoiador mais entusiasmado. Foi sua idéia criar um programa de visitas à casa das famílias que ainda não tínhamos contatado. No nosso boletim, anunciamos que os professores passariam pelas casas de seus alunos para visitas breves. Cada professor recebeu o nome de oito a dez alunos, cujos pais deveriam ser visitados pelo menos uma vez no semestre.

Patrícia teve a idéia de usar os ônibus escolares para transporte. Então, toda quinta-feira depois das aulas, os professores que visitariam uma família pegavam o ônibus com seus alunos. No fim do trajeto, os motoristas esperavam meia hora antes de voltar para buscar os professores. O programa alcançou enorme sucesso.

Essas visitas dos professores parecem ter significado muito tanto para os pais como para os alunos.

Na noite da última reunião de pais e mestres do ano, cheguei cedo porque queria acabar de escrever umas notas para os pais. Quando terminei, ouvi a voz alta do diretor e percebi que a reunião tinha começado. Pensei que me sentaria quieta em uma cadeira desocupada, mas, quando abri a porta do auditório, me espantei. Não havia uma única cadeira vazia! A sala estava lotada de pais. Eles se apresentaram com força total para participar da *escola deles*.

8

O apanhador de sonhos

Era o último dia de aula. Assim que os professores dispensaram suas classes, os alunos avançaram pelas portas abertas da escola em direção aos ônibus, prestes a explodir com a energia das crianças. Na rua, filas de carros com pais e buzinas impacientes.

Minha classe foi a última a sair. Fazia muito calor. Eu detestava despedidas. Aquelas crianças que preencheram meus dias e meus pensamentos à noite tinham se tornado muito queridas para mim. Cada abraço de adeus me dizia uma vez mais que meu tempo com elas havia chegado ao fim. Nunca mais estaríamos ligadas do mesmo jeito.

Fiquei ali acenando até a última criança ser levada pelo último pai. Então voltei para o edifício quase vazio. Na minha sala, sentei-me numa cadeira e olhei para a sala vazia, silenciosa. Não havia ninguém nas carteiras, nenhum material, nem mesmo um pedaço de papel no chão. Fora um ano inteiro de planejamento e dedicação, preocupação e ensino. E agora estava acabado. Terminado. Tinha ficado algo – além de poucas lembranças?

Ouvi uma suave batida na porta. Era o Roberto.

"Oi, Roberto. Esqueceu alguma coisa?"

Ele balançou a cabeça e ficou ali, com uma estranha expressão no rosto. O que queria? Um último adeus, particular? A mãe dele tinha me ligado durante a semana e desabafado toda sua preocupação: ela perdera o emprego; ela e Roberto teriam de se mudar da cidade e ficar com a irmã dela; não sabia se conseguiria um emprego lá; sua irmã morava em um lugar ruim, de vizinhança perigosa; Roberto estava criando problemas com relação à mudança; ele não queria recomeçar tudo em uma nova escola.

"Entre, Roberto."

"Eu perdi o ônibus."

"Ah. Você precisa de uma carona?"

"Não, eu vou andando... Posso lhe contar uma coisa?"

"Claro. Sente-se."

Enquanto ele se sentava me emocionei ao ver que por baixo da camisa ele usava o "apanhador de sonhos" que eu lhe dera na véspera. O círculo de couro com uma teia de aranha de barbante dentro era meu presente. Expliquei-lhe que, de acordo com uma lenda dos índios norte-americanos, se o talismã fosse pendurado na cama de uma pessoa, filtraria todos os pesadelos e maus espíritos e só deixaria os bons. Eu disse ao Roberto que queria que ele o possuísse para que soubesse que nós estaríamos pensando nele onde quer que ele estivesse, e ele o recebeu com muito respeito.

Só então eu me dei conta de que ele havia entendido por que eu lhe dera aquele presente. O apanhador de sonhos era a minha maneira de mandá-lo embora com alguma proteção. Ele crescera muito durante o ano – e não apenas em peso ou altura. Parara de xingar, fizera um enorme esforço para deixar de falar palavrão e gritar ofensas e não se vangloriava ou intimidava mais ninguém. Pouco se parecia com o garoto insubordinado, irritado, que entrava arrogante na minha sala no começo do ano usando uma jaqueta com caveira, pronto para brigar. Agora ele era o aluno freqüentemente requisitado pelos outros professores para ajudá-los com "alunos difíceis", pois o Roberto sabia como "lidar" com eles.

O que lhe aconteceria agora? O que aconteceria com todo seu esforço para melhorar? Como ele reagiria a um ambiente hostil? Voltaria a ser como era? Por que não? Qualquer um não voltaria?

"O que você queria me contar, Roberto?"

"Meu primo, eu vou me mudar para lá onde ele mora, disse que, quando se mora ali, você precisa entrar na turma."

"Precisa?"

"É, para proteção."

"Contra o quê?"

"Contra os caras que querem bater em você."

"Entendo. Então você se sente obrigado a entrar."

"É, mas talvez eu possa fazer outros amigos."

"Com certeza você fará uma porção de amigos na sua classe."

"Ahnn-ahnn."

"Eu imagino que você tenha uma decisão difícil para tomar."

"Eu sei, mas não vou entrar em nenhuma turma. Não quero mais saber desse tipo de coisa. Só queria lhe dizer isso." Então, ele me estendeu a mão e saiu.

Fiquei atônita. Esse garoto de 11 anos travara uma luta interna que faria tremer um adulto e optou pela estrada mais longa e difícil. Tive muita vontade de poder fazer mais por ele. Enquanto eu juntava minhas coisas para sair me ocorreu que, talvez, eu já tivesse feito.

Talvez os valores que eu tentara estimular dentro destas quatro paredes penetraram em Roberto e se tornaram parte dele. E talvez aqueles valores o afastassem do caminho perigoso e o ajudassem a enfrentar obstáculos e a sobreviver.

Talvez o espírito que tentara trazer para minha classe fosse o verdadeiro "apanhador de sonhos", que protegeria todos os alunos.

Talvez das centenas de horas e milhares de trocas por que passamos, algo permaneceria e os sustentaria e ampararia – uma experiência que os tornara mais fortes, mais confiantes, mais capazes de pensar e aprender e amar.

De qualquer forma, eu gostaria que fosse assim.